U0137324

二十世纪中国心理学名著丛编

学习心理学

阮镜清◎著

主编◎郭本禹　阎书昌　特约编辑◎王瑞明

海峡出版发行集团
THE STRAITS PUBLISHING & DISTRIBUTING GROUP | 福建教育出版社

图书在版编目（CIP）数据

学习心理学/阮镜清著．－福州：福建教育出版
社，2023.11
（二十世纪中国心理学名著丛编）
ISBN 978-7-5334-9692-0

Ⅰ.①学… Ⅱ.①阮… Ⅲ.①学习心理学 Ⅳ.
①G442

中国国家版本馆 CIP 数据核字（2023）第 120015 号

二十世纪中国心理学名著丛编

Xuexi Xinli xue

学习心理学

阮镜清 著

出版发行 福建教育出版社
（福州市梦山路 27 号 邮编：350025 网址：www. fep. com. cn
编辑部电话：0591-83726908
发行部电话：0591-83721876 87115073 010-62024258）
出 版 人 江金辉
印 刷 福州印团网印刷有限公司
（福州市仓山区建新镇十字亭路 4 号）
开 本 890 毫米×1240 毫米 1/32
印 张 7
字 数 145 千字
插 页 2
版 次 2023 年 11 月第 1 版 2023 年 11 月第 1 次印刷
书 号 ISBN 978-7-5334-9692-0
定 价 20.00 元

如发现本书印装质量问题，请向本社出版科（电话：0591-83726019）调换。

编校凡例

1. 选编范围。"二十世纪中国心理学名著丛编"（以下简称"丛编"）选编 20 世纪经过 50 年时间检验、学界有定评的水平较高、影响较大、领学科一定风骚的心理学著作。这些著作在学术上有承流接响的作用。

2. 版本选择。"丛编"本书是以第一版或修订版为底本。

3. 编校人员。"丛编"邀请有关老、中、青学者，担任各册"特约编辑"，负责校勘原著、撰写前言（主要介绍作者生平、学术地位与原著的主要观点和学术影响）。

4. 编校原则。尊重原著的内容和结构，以存原貌；进行必要的版式和一些必要的技术处理，方便阅读。

5. 版式安排。原著是竖排的，一律转为横排。横排后，原著的部分表述作相应调整，如"右表""左表""右文""左文"均改为"上表""下表""上文""下文"等等。

6. 字体规范。改繁体字为简化字，改异体字为正体字；"的""得""地""底"等副词用法，一仍旧贯。

7. 标点规范。原著无标点的，加补标点；原著标点与新式标点不符的，予以修订；原文断句不符现代汉语语法习惯的，予以调整。原著有专名号（如人名、地名等）的，从略。书名号用《》、〈〉规范形式；外文书名排斜体。

8. 译名规范。原著专门术语，外国人名、地名等，与今通译有异的，一般改为今译。首次改动加脚注注明。

9. 数字规范。表示公元纪年、年代、年、月、日、时、分、秒，计数与计量及统计表中的数值，版次、卷次、页码等，一般用阿拉伯数字；表示中国干支等纪年与夏历月日、概数、年级、星期或其他固定用法等，一般用数字汉字。此外，中国干支等纪年后，加注公元纪年，如光绪十四年（1888）、民国二十年（1931）等。

10. 标题序号。不同层级的内容，采用不同的序号，以示区别。若原著各级内容的序号有差异，则维持原著序号；若原著下一级内容的序号与上一级内容的序号相同，原则上修改下一级的序号。

11. 错漏校勘。原著排印有错、漏、讹、倒之处，直接改动，不出校记。

12. 注释规范。原著为夹注的，仍用夹注；原著为尾注的，改为脚注。特约编辑补充的注释（简称"特编注"），也入脚注。

总序：

中国现代心理学的历史进程

　　晚清以降的西学东渐，为中国输入了西方科学知识和体系，作为分科之学的科学开始在中国文化中生根发芽。现代科学体系真正的形成和发展则是在民国时期，当时中国传统文明与西方近现代文明的大碰撞，社会的动荡与变革，新旧思想的激烈冲突，科学知识的传播与影响，成就了民国时期的学术繁荣时代。有人将之看作是"中国历史上出现了春秋战国以后的又一次百家争鸣的盛况"①。无论后人是"高估"还是"低估"民国时期的学术成就，它都是中国学术发展进程中重要的一环。近年来民国时期学术著作的不断重刊深刻反映出它们的学术价值和历史地位。影响较大者有上海书店的"民国丛书"、商务印书馆的"中华现代学术名著丛书"、岳麓书社的"民国学术文化名著"、东方出版社的"民国学术经典文库"和"民国大学丛书"，以及福建教育出版社的"20 世纪中国教育学名著丛编"等。这

---

　　① 周谷城：《"民国丛书"序》，载《出版史料》2008 年第 2 期。

些丛书中也收录了民国时期为数不多的重要心理学著作，例如，"民国丛书"中收有朱光潜的《变态心理学派别》、高觉敷的《现代心理学》、龚德义的《宗教心理学》、陈鹤琴的《儿童心理之研究》和潘菽的《社会的心理基础》等，"民国大学丛书"收录章颐年的《心理卫生概论》，"20世纪中国教育学名著丛编"包括艾伟的《教育心理学》、萧孝嵘的《教育心理学》、高觉敷的《教育心理》和王书林的《心理与教育测量》等。中国现代心理学作为一门独立的学科，仅有上述丛书中收入的少数心理学著作还难以呈现全貌，更为细致全面的整理工作仍有待继续开展。

一、西学东渐：中国现代心理学的源头

我国古代有丰富的心理学思想，却没有真正科学意义上的心理学。如同许多其他学科一样，心理学在我国属于"舶来品"。中国现代心理学的产生经历了西方心理学知识向中国输入和传播的历史阶段。最早接触到西方心理学知识的中国人是容闳、黄胜和黄宽，他们于1847年在美国大学中学习了心灵哲学课程，这属于哲学心理学的范畴，继而颜永京于1860年或1861年在美国大学学习了心灵哲学课程。颜永京回国后于1879年开始在圣约翰大学讲授心理学课程，他首开国人之先河，于1889年翻译出版了美国人海文著的《心灵学》（上本）①，这是史界公

---

① 译自 Haven, J., *Mental philosophy：Including the intellect, sensibilities, and will*. Boston：Gould & Lincoln, 1858.

认的第一部汉译心理学著作。此前传教士狄考文于 1876 年在山东登州文会馆开设心灵学即心灵哲学或心理学课程。1898 年，美国传教士丁韪良出版了《性学举隅》①，这是第一本以汉语写作的心理学著作。1900 年前后，日本在中国学习西方科学知识的过程中起到了桥梁作用，一批日本学者以教习的身份来到中国任教。1902 年，服部宇之吉开始在京师大学堂讲授心理学课程，并撰写《心理学讲义》②。1904 年，三江师范学堂聘请日本学者菅沼虎雄任心理学、教育学课程教习。1901—1903 年译自日文的心理学著作主要有：樊炳清译、林吾一著的《应用心理学》(1901)，③ 久保田贞则编纂的《心理教育学》(1902)，王国维译、元良勇次郎著的《心理学》(1902)，吴田焴译、广岛秀

---

① 其英文名为 *Christian Psychology*。《性学举隅》中的心理学知识，有更强的科学性和实证性，而《心灵学》中的心理学知识，则更具哲学性和思辨性。其主要原因是，《性学举隅》成书于 19 世纪末，西方心理学已经确立学科地位，科学取向的心理学知识日益增多，许多心理学著作也相继出版，该书对这些心理学知识吸收较多；而《心灵学》的原著成书于 19世纪 50 年代，西方心理学还处于哲学心理学阶段，近代科学知识还没有和哲学心理学相互融合起来。此外，丁韪良在阐述心理学知识时，也具有较强的实证精神。他在提及一个心理学观点或理论时，经常会以"何以验之"来设问，然后再提供相应的证据或实验依据进行回答。同时他指出，"试验"（即实验）是西方实学盛行的原因，中国如果想大力发展实学，也应该以实验方法为重。丁韪良的这种实证精神，无论是对当时人们正确理解和运用心理学，还是对于其他学科都是有积极意义的。

② 由他的助教范源廉译述，此书的线装本没有具体的出版时间，大致出版于 1902—1903 年。服部宇之吉的讲义经过润色修改后于 1905 年在日本以中文出版。

③ 王绍曾主编：《清史稿艺术志拾遗》，北京：中华书局 2000 年版，第 1534 页。

太朗著的《初等心理学》（1902），田吴炤译、高岛平三郎著的《教育心理学》（1903），张云阁译、大濑甚太郎和立柄教俊合著的《心理学教科书》①（1903），上海时中书局编译的心理学讲义《心界文明灯》（1903），沈诵清译、井上圆了著的《心理摘要》（1903）。此外，张东荪、蓝公武合译了詹姆斯《心理学简编教程》（1892）的第一章绪论、第二章感觉总论和第三章视觉，题名为《心理学悬论》。② 1907 年王国维还自英文版翻译出版丹麦学者海甫定（H. Höffding）的《心理学概论》，1910 年自日文版翻译出版美国禄尔克的《教育心理学》，这两本书在当时产生了较大影响。1905 年在日本留学的陈榥编写出版的《心理易解》，被学界认为是中国学者最早自编的心理学书籍。此后至新文化运动开始起，一批以日本教习的心理学讲义为底本编写或自编的心理学书籍也相继出版，例如，湖北师范生陈邦镇等编辑的《心理学》（1905，内页署名《教育的心理学》）、江苏师范编的《心理学》（1906）、蒋维乔的《心理学》（1906）和《心理学讲义》（1912）、彭世芳的《心理学教科书》（1912，版权页署名《（中华）师范心理学教科书》）、樊炳清的《心理学要领》（师范学校用书，1915）、顾公毅的《新制心理学》（书脊署名《新制心理学教科书》，1915）、张子和的《广心理学》（上册，1915）、张毓骢和沈澄清编的《心理学》（1915）等。

---

① 该书还有另外一中译本，译者为顾绳祖，1905 年由江苏通州师范学堂出版。

② 詹姆斯著，张东荪、蓝公武译：《心理学悬论》，载《教育》1906年第 1、2 期。

从西方心理学输入路径来看，上述著作分别代表着来自美国、日本、欧洲的心理学知识的传入。从传播所承载的活动来看，有宗教传播和师范教育两种活动，并且后者相继替代了前者。从心理学知识传播者身份来看，有传教士、教育家、哲学家等。

"心理学"作为一门学科的名称，其术语本身在中国开始使用和流行也有一个历史过程。"Psychology"一词进入汉语文化圈要早于它所指的学问或学科本身，就目前所知，该词最早见于 1868 年罗存德（William Lobscheid）在香港出版的《英华字典》（*An English and Chinese Dictionary*），其汉译名为"灵魂之学""魂学"和"灵魂之智"。① 在日本，1875 年哲学家西周翻译的《心理学》被认为是日本最早的心理学译著。汉字"心理学"是西周从"性理学"改译的，故西周也是"心理学"的最早创译者。② 但"心理学"一词并没有很快引入中国。当时中国用于指称心理学知识或学科的名称并不统一。1876 年，狄考文在山东登州文会馆使用"心灵学"作为心理学课程名称；1880 年，《申报》使用"心学"一词指代颜永京讲授的心理学课程；1882 年，颜永京创制"心才学"称谓心理学；1886 年，分

---

① 阎书昌：《中国近现代心理学史（1872—1949）》，上海：上海教育出版社 2015 年版，第 12 页。

② 新近有研究者考证发现了中国知识分子执权居士于 1872 年在中国文化背景下创制了"心理（学）"一词，比日本学者西周创制"心理学"一词早三年，但执权居士的"心理（学）"术语并没有流行起来。参见：阎书昌：《中国近现代心理学史（1872—1949）》，上海：上海教育出版社 2015 年版，第 13—14 页。

别译自赫胥黎《科学导论》的《格致小引》和《格致总学启蒙》两本中各自使用"性情学"和"心性学"指称心理学；1889年，颜永京使用"心灵学"命名第一本心理学汉本译著；1898年，丁韪良在《性学举隅》中使用"性学"来指心理学。最后，康有为、梁启超于1897－1898年正式从日本引入"心理学"一词，并开始广泛使用。康有为、梁启超十分重视译书，认为"中国欲为自强第一策，当以译书为第一义"，康有为"大收日本之书，作为书目志以待天下之译者"。① 他于1896年开始编的《日本书目志》共收录心理学书籍25种，其中包括西周翻译的《心理学》。当时，日文中是以汉字"心理学"翻译"psychology"。可见，康有为当时接受了"心理学"这一学科名称。不过《日本书目志》的出版日期不详。梁启超于1897年11月15日在《时务报》上发表的《读〈日本书目志〉后》一文中写道："……愿我人士，读生理、心理、伦理、物理、哲学、社会、神教诸书，博观而约取，深思而研精。"② 梁启超作为康有为的学生，也是其思想的积极拥护者，很可能在《日本书目志》正式出版前就读到了书稿，并在报刊上借康有为使用的名称正式认可了"心理学"这一术语及其学科。③ 另外，大同译书局于

---

① 转引自杨鑫辉、赵莉如主编：《心理学通史》（第2卷），济南：山东教育出版社2000年版，第142页。

② 转引自阎书昌：《中国近现代心理学史（1872—1949）》，上海：上海教育出版社2015年版，第43页。

③ 阎书昌：《"心理学"在我国的第一次公开使用》，载杨鑫辉主编：《心理学探新论丛（2000年辑）》，南京：南京师范大学出版社2000年版，第240－241页。

1898 年春还出版了日本森本藤吉述、翁之廉校订的《大东合邦新义》一书，该书中也使用过"心理学"一词："今据心理学以推究之"，后有附注称："心理学研究性情之差别，人心之作用者也。"[①] 此书是日本学者用汉语写作，并非由日文译出，经删改编校而成，梁启超为之作序。这些工作都说明了康有为和梁启超为"心理学"一词在中国的广泛传播所作出的重要贡献。以上所述仅仅是"心理学"作为一门学科名称在中国的变迁和发展，中国文化对心理学知识与学科的接受必定有着更为复杂的过程。

　　这一时期最值得书写的历史事件就是蔡元培跟随现代心理学创始人冯特的学习经历。蔡元培先后两次赴德国留学。在留学德国以前，蔡元培就对西方的文化科学有所涉及，包括文史、政经及自然科学。他译自日文的《生理学》《妖怪学》等著作就涉猎到心理学知识。蔡元培学习心理学课程是在第一次留学期间的 1908 年 10 月至 1911 年 11 月，他在三年学习期间听了八门心理学课程，其中有冯特讲授的三门心理学课程：心理学、实验心理学、民族心理学，还有利普斯（Theodor Lipps）讲授的心理学原理，勃朗（Brahon）讲授的儿童心理学与实验教育学，威斯（Wilhelm Wirth）讲授的心理学实验方法，迪特里希（Ottmar Dittrich）讲授的语言心理学、现代德语语法与心理学基础。蔡元培接受过心理学的专业训练，这是不同于中国现代心理学早期多是自学成才的其他人物之处，也是他具有中国现

---

　　① 转引自阎书昌：《中国近现代心理学史（1872—1949）》，上海：上海教育出版社 2015 年版，第 43 页。

代心理学先驱地位的原因之一。蔡元培深受冯特在实验心理学上开创性工作的影响，在其担任北京大学校长期间，于1917年支持陈大齐在哲学系内建立我国第一个心理学实验室，这是中国心理学发展史上的第一个心理学实验室，具有标志性意义。陈大齐是另一位中国现代心理学的先驱，1909年他进入东京帝国大学文科哲学门之后，受到日本心理学家元良勇次郎的影响，对心理学产生极为浓厚的兴趣，于是选心理学为主科，以理则学（亦称论理学，即逻辑学）、社会学等为辅科。陈大齐在日本接受的是心理学专业训练，1912年回国后开展的许多理论和实践工作对我国早期心理学都具有开创性的意义。

中国现代心理学学科的真正确立，是始于第一批学习心理学的留学生回国后从事心理学的职业活动，此后才出现了真正意义上的中国心理学家。

二、出国留学：中国现代心理学的奠基

中国现代心理学是新文化运动的产物，我国第一代心理学家正是成长于这一历史背景之下。20世纪初，我国内忧外患，社会动荡，国家贫弱，不断遭到西方列强在科学技术支撑下的坚船利炮的侵略，中华民族面临着深重的民族危机。新文化运动的兴起，在中国满布阴霾的天空中，响起一声春雷，爆发了一场崇尚科学、反对封建迷信、猛烈抨击几千年封建思想的文化启蒙运动。1915年，陈独秀创办《青年杂志》（后改名为《新青年》），提出民主和科学的口号，标志着新文化运动的开始，

到 1919 年"五四"运动爆发时，新文化运动达到高潮。中国先进的知识分子试图从西方启蒙思想那里寻找救国救民之路，对科学技术产生了崇拜，提出了"科学救国"和"教育救国"的口号，把科学看成是抵御外侵和解决中国一切问题的工具，认为只有科学才能富国强兵，使中国这头"睡狮"猛醒，解除中国人民的疾苦，摘掉头上那顶"东亚病夫"的耻辱帽子。西方现代科学强烈冲击了中国的旧式教育，"开启民智""昌明教育""教育救国"的声音振聋发聩。孙中山在《建国方略》中写道："夫国者，人之所积也。人者，心之所器也。国家政治者，一人群心理之现象也。是以建国之基，当发端于心理。"[①] 他认为"一国之趋势，为万众之心理所造成；"[②] 要实现教育救国，就要提高国民的素质，改造旧的国民性，塑造新的国民。改造国民性首先要改造国民的精神，改造国民的精神在于改造国民的行为，而改造人的行为在于改造人的心理。著名教育家李石曾也主张："道德本于行为，行为本于心理，心理本于知识。是故开展人之知识，即通达人之心理也；通达人之心理，即真诚人之行为也；真诚人之行为，即公正人之道德也。教育者，开展人之知识也。欲培养人之有公正之道德，不可不先有真诚之行为；欲有真诚之行为，不可不先有通达之心理；欲有通达之心理，不可不先有开展之知识。"[③] 了解人的心理是改造人的心理的前

---

① 《孙中山全集》（第 6 卷），北京：中华书局 1981 年版，第 214—215 页。

② 孙文：《心理建设》，上海：一心书店 1937 年版，第 83 页。

③ 李石曾：《无政府说》，载《辛亥革命前十年时间政选集》（第三卷），北京：三联书店 1960 年版，第 162—163 页。

提，了解人的心理是进行教育的前提，而心理学具有了解心理、改造心理的作用。所以，当时一批有志青年纷纷远赴重洋攻读心理学。① 汪敬熙后来对他出国为何学习心理学的回忆最能说明这一点，他说："在十五六年前，更有一种原因使心理学渐渐风行。那时候，许多人有一种信仰，以为想改革中国必须从改造社会入手；如想改造社会必须经过一番彻底的研究；心理学就是这种研究必需的工具之一，我记得那时候好些同学因为受到这种信仰的影响，而去读些心理学书，听些心理学的功课。"② 张耀翔赴美前夕，曾与同学廖世承商讨到美国所学专业，认为人为万物之灵，强国必须强民，强民必须强心，于是决心像范源廉先生（当时清华学堂校长）那样，身许祖国的教育事业，并用一首打油诗表达了他选学心理学的意愿："湖海飘零廿二

① 中国学生大批留美始于 1908 年的"庚款留学"。1911 年经清政府批准，成立了留美预备学校即清华学堂。辛亥革命爆发之后，清华学堂因战事及经费来源断绝原因停顿半年之久，至 1912 年 5 月学堂复校，改称"清华学校"。由于"教育救国"运动的需要，辛亥革命之后留美教育得以延续。在这批留美大潮中，有相当一部分留学生以心理学作为主修专业，为此后中国现代心理学的发展积聚了专业人才。据 1937 年的《清华同学录》统计，学教育、心理者（包括选修两门以上学科者，其中之一是教育心理）共 81 人。早期的心理学留学生主要有：王长平（1912 年赴美，1915 年回国）、唐钺（1914 年赴美，1921 年回国）、陈鹤琴（1914 年赴美，1919 年回国）、凌冰（1915 年赴美，1919 年回国）、廖世承（1915 年赴美，1919 年回国）、陆志韦（1915 年赴美，1920 年回国）、张耀翔（1915 年赴美，1920 年回国）等。

② 汪敬熙：《中国心理学的将来》，载《独立评论》1933 年第 40 号。

年，今朝赴美快无边。此身原许疗民瘼，誓把心书仔细研！"①
潘菽也指出："美国的教育不一定适合中国，不如学一种和教育有关的比较基本的学问，即心理学。"②

在国外学习心理学的留学生接受了著名心理学家的科学训练，为他们回到中国发展心理学打下了扎实的专业功底。仅以获得博士学位的心理学留学生群体为例，目前得以确认的指导过中国心理学博士生的心理学家有美国霍尔（凌冰）、卡尔（陆志韦、潘菽、王祖廉、蔡乐生、倪中方、刘绍禹）、迈尔斯（沈有乾、周先庚）、拉施里（胡寄南）、桑代克（刘湛恩）、瑟斯顿（王徵葵）、吴伟士（刘廷芳、夏云）、皮尔斯伯里（林平卿）、华伦（庄泽宣）、托尔曼（郭任远）、梅耶（汪敬熙）、黄翼（格塞尔）、F. H. 奥尔波特（吴江霖），英国斯皮尔曼（潘渊、陈立）、皮尔逊（吴定良）、法国瓦龙（杨震华）、福柯（左任侠），等等。另外，指导过中国学生或授过课的国外著名心理学家还有冯特（蔡元培）、铁钦纳（董任坚）、吕格尔（潘渊）、皮亚杰（卢濬）、考夫卡（朱希亮、黄翼）、推孟（黄翼、周先庚）、苛勒（萧孝嵘）等。由此可见，这些中国留学生海外求学期间接触到了西方心理学的最前沿知识，为他们回国之后传播各个心理学学派理论，发展中国现代心理学奠定了坚实的基础。

在海外学成归来的心理学留学生很快成长为我国第一代现

---

① 程俊英：《耀翔与我》，载张耀翔著：《感觉、情绪及其他——心理学文集续编》，上海：上海人民出版社1986年版，第308—332页。

② 潘菽：《潘菽心理学文选》，南京：江苏教育出版社1987年版，第2页。

代心理学家，他们拉开了中国现代心理学的序幕。他们传播心理学知识，建立心理学实验室，编写心理学教科书，创建大学心理学系所，培养心理学专门人才，成立心理学研究机构和组织，创办心理学专业刊物，从事心理学专门研究与实践，对中国现代心理学的诸多领域作出奠基性和开拓性贡献，分别成为中国心理学各个领域的领军人物。这些归国留学生大都是25～30岁之间的青年学者，他们对心理学具有强烈的热情，正如张耀翔所说的："心理学好比我的宗教。"① 同时，他们精力旺盛，受传统思想束缚较少，具有雄心壮志，具有创新精神和开拓意识，致力于发展中国的心理学，致力于在中国建立科学的心理学，力图把"心理学在国人心目中演成一个极饶兴趣、惹人注目的学科"。② 不仅如此，他们还具有更远大的抱负，把中国心理学推向世界水平。就像郭任远在给蔡元培的一封信中所表达的："倘若我们现在提倡心理学一门，数年后这个科学一定不落美国之后。因为科学心理学现在还在萌芽时代。旧派的心理学虽已破坏，新的心理学尚未建设。我们现在若在中国从建设方面着手，将来纵不能在别人之前，也决不致落人后。""倘若我们尽力筹办这个科学，数年后一定能受世界科学界的公认。"③

中国第一代心理学家还积极参与当时我国思想界和学术界

---

① 张耀翔：《心理学文集》，上海：上海人民出版社1983年版，第231页。

② 张耀翔：《心理学文集》，上海：上海人民出版社1983年版，第246页。

③ 郭任远：《郭任远君致校长函》，载《北京大学日刊》1922年总第929号。

的讨论。如陈大齐在"五四"运动时期，积极参与当时科学与灵学的斗争，运用心理学知识反对宣扬神灵的迷信思想。唐钺积极参与了20世纪20年代初（1923）的"科学与玄学"论战。汪敬熙在北大就读时期就是"五四"运动的健将，也是著名的新潮社的主要成员和《新潮》杂志的主力作者，提倡文学革命，致力于短篇小说的创作，他也是继鲁迅之后较早从事白话小说创作的作家。陆志韦则提倡"五四"新诗运动，他于1923年出版的《渡河》诗集，积极探索了新诗歌形式和新格律的实践。

三、制度建设：中国现代心理学的确立

"五四"运动之后，在海外学习心理学的留学生[①]陆续回国。他们从事心理学的职业活动，逐渐形成我国心理学的专业队伍。他们大部分都任教于国内的各大高等院校中，承担心理学的教学与科研任务，积极开展中国现代心理学的早期学科制度建设。他们创建心理学系所、建立心理学实验室、成立心理学专业学会和创办心理学刊物，开创了中国现代心理学的一个辉煌时期。

（一）成立专业学会

1921年8月，在南京高等师范学校组织暑期教育讲习会，有许多学员认为心理学与教育关系密切，于是签名发起组织中

---

① 这些心理学留学生大部分人都获得了博士学位，也有一部分人在欧美未获得博士学位，如张耀翔、谢循初、章益、王雪屏、王书林、阮镜清、普施泽、黄钰生、胡秉正、高文源、费培杰、董任坚、陈雪屏、陈礼江、陈飞鹏等人。他们回国后在心理学领域同样作出了重要贡献。

华心理学会，征求多位心理学教授参加。几天之后，在南京高等师范学校临时大礼堂举行了中华心理学会成立大会，通过了中华心理学会简章，投票选举张耀翔为会长兼编辑股主任，陈鹤琴为总务股主任，陆志韦为研究股主任，廖世承、刘廷芳、凌冰、唐钺为指导员。这是中国第一个心理学专业学会。中华心理学会自成立后，会员每年都有增加，最盛时多达235人。但是由于学术活动未能经常举行，组织逐渐涣散。1931年，郭一岑、艾伟、郭任远、萧孝嵘、沈有乾、吴南轩、陈鹤琴、陈选善、董任坚等人尝试重新筹备中华心理学会，但是后来因为"九一八"国难发生，此事被搁置，中华心理学会就再也没有恢复。

1935年11月，陆志韦发起组织"中国心理学会"，北京大学樊际昌、清华大学孙国华、燕京大学陆志韦被推为学会章程的起草人。三人拟定的"中国心理学会章程草案"经过讨论修改后，向各地心理学工作者征求意见，获得大家的一致赞同，认为"建立中国心理学会"是当务之急。1936年11月，心理学界人士34人发出由陈雪屏起草的学会组织启事，正式发起组织中国心理学会。1937年1月24日，在南京国立编译馆大礼堂举行了中国心理学会成立大会。会上公推陆志韦为主席，选出陆志韦、萧孝嵘、周先庚、艾伟、汪敬熙、刘廷芳、唐钺为理事。正当中国心理学会各种活动相继开展之际，"七七事变"爆发，学会活动被迫停止。

1930年秋，时任考试院院长的戴季陶鉴于测验作为考试制度的一种，有意发起组织测验学会。由吴南轩会同史维焕、赖琏二人开始做初步的筹备工作。截至当年 12 月 15 日共征得 57 人的同意做发起人，通过通讯方式选举吴南轩、艾伟、易克樏、陈鹤琴、史维焕、顾克彬、庄泽宣、廖茂如、邰爽秋为筹备委员，陈选善、陆志韦、郭一岑、王书林、彭百川为候补委员，指定吴南轩为筹备召集人，推选吴南轩、彭百川、易克樏为常务委员。1931 年 6 月 21 日，在南京中央大学致知堂召开成立大会和会员大会。

1935 年 10 月，南京中央大学教育学院同仁发起组织中国心理卫生协会，向全国心理学界征求意见，经过心理学、教育、医学等各界共 231 人的酝酿和发起，并得到 146 位知名人士的赞助，中国心理卫生协会于 1936 年 4 月 19 日在南京正式召开成立大会，并通过了《中国心理卫生协会简章》。该协会的宗旨是保持并促进精神健康，防止心理、神经的缺陷与疾病，研究有关心理卫生的学术问题，倡导并促进有关心理卫生的公共事业。1936 年 5 月，经过投票选举艾伟、吴南轩、萧孝嵘、陈剑脩、陈鹤琴等 35 人为理事，周先庚、方治、高阳等 15 人为候补理事，陈大齐、陈礼江、杨亮功、刘廷芳、廖世承等 21 人为监事，梅贻琦、章益、郑洪年等 9 人为候补监事。在 6 月 19 日举行的第一次理事会议上，推举吴南轩（总干事）、萧孝嵘、艾伟、陈剑脩、朱章赓为常务理事。

（二）创办学术期刊

《心理》，英文刊名为 *Chinese Journal of Psychology*，由张耀翔于 1922 年 1 月在北平筹备创办的我国第一种心理学期刊。编辑部设在北京高等师范学校心理学实验室的中华心理学会总会，它作为中华心理学会会刊，其办刊宗旨之一是，"中华心理学会会员承认心理学自身是世上最有趣味的一种科学。他们研究，就是要得这种精神上的快乐。办这个杂志，是要别人也得同样的快乐"。[①]《心理》由张耀翔主编，上海中华书局印刷发行，于1927年7月终刊。该刊总共发表论文163篇，其中具有创作性质的论文至少50篇。1927年，周先庚以《1922年以来中国心理学旨趣的趋势》为题向西方心理学界介绍了刊发在《心理》杂志上共分为21类的110篇论文。[②] 这是中国心理学界的研究成果第一次集体展示于西方心理学界，促进了后者对中国心理学的了解。

《心理半年刊》，英文刊名为 *The N. C. Journal of psychology*，由中央大学心理学系编辑，艾伟任主编，于1934年1月1日在南京创刊，至1937年1月1日出版第4卷1期后停刊，共出版7期。其中后5期均为"应用心理专号"，可见当时办刊宗旨是指向心理学的应用。该刊总共载文88篇，其中译文21篇。

《心理季刊》是由上海大夏大学心理学会出版，1936年4月创刊，1937年6月终刊。该刊主任编辑为章颐年，其办刊宗旨是"应用心理科学，改进日常生活"，它是当时国内唯一一份关于心理科学的通俗刊物。《心理季刊》共出版6期，发表87篇文章（包括译文4篇）。栏目主要有理论探讨、生活应用、实验报告及参考、名人传记、书报评论、心理消息、论文摘要等七

①　《本杂志宗旨》，载《心理》1922年第1卷1号。

②　Chou, S. K., Trends in Chinese psychological interests *since 1922*. *The American Journal of Psychology*. 1927，38（3）.

个栏目，还有插图照片 25 帧。

《中国心理学报》由燕京大学和清华大学心理学系编印，1936 年 9 月创刊，1937 年 6 月终刊。后成为中国心理学会会刊。主任编辑为陆志韦，编辑为孙国华和周先庚。蔡元培为该刊题写了刊名。在该刊 1 卷 1 期的编后语中，追念 20 年代张耀翔主编的《心理》杂志，称这次出版"名曰《中国心理学报》，亦以继往启来也"。该刊英文名字为 *The Chinese Journal of Psychology*，与《心理》杂志英文名字完全相同，因此可以把《中国心理学报》看作是《心理》杂志的延续或新生。同时，《中国心理学报》在当时也承担起不同于 20 年代"鼓吹喧闹，笔阵纵横"拓荒期的责任，不再是宣传各家学说，而是进入扎扎实实地开展心理学研究的阶段，从事"系统之建立""以树立为我中华民国之心理学"。该刊总共发表文章 24 篇，其中实验报告 14 篇，系统论述文章 4 篇，书评 3 篇，其他有关实验仪器的介绍、统计方法等 3 篇。

抗战全面爆发之前，我国出版的心理学刊物还有以下几种：① 《测验》是 1932 年 5 月由中国测验学会创刊的专业性杂志，专门发表关于测验的学术论文。共出版 9 期，于 1937 年 1 月出版最后一期之后停刊，计发表 100 余篇文章。《心理附刊》是中央大学日刊中每周一期的两页周刊，1934 年 11 月 20 日发刊，中间多次中断，1937 年 1 月 14 日以后完全停刊。该刊载文多为译文，由该校"心理学会同仁于研习攻读之暇所主持"，其

---

① 杨鑫辉、赵莉如主编：《心理学通史》（第 2 卷），济南：山东教育出版社 2000 年版，第 209—212 页，第 217—226 页。

宗旨是"促进我国心理学正当的发展，提倡心理学的研究和推广心理学的应用"。该刊共出版 45 期，计发表文章 59 篇，其中译文 47 篇，多数文章都是分期连载。《中央研究院心理研究所丛刊》是中央研究院心理研究所印行的一种不定期刊物，专门发表动物学习和神经生理方面的实验研究报告或论文，共出版 5 期。同时心理研究所还出版了《中央研究院心理研究所专刊》，共发行 10 期。这两份刊物每一期为一专题论文，均为英文撰写，其中多篇研究报告都具有较高的学术价值。《心理教育实验专篇》是中央大学教育学院教育实验所编辑发行的一种不定期刊物，专门发表心理教育实验报告，共出版 7 期。1934 年 2 月出版第 1 卷 1 期，1939 年出版第 4 卷 1 期，此后停止刊行。

（三）建立教学和研究机构

1920 年，南京高等师范学校教育科设立了心理学系，这是我国建立的第一个心理学系。不久，该校更名为东南大学，东南大学的心理学系仍属教育科。当时中国大学开设独立心理学系的只有东南大学。陈鹤琴任该校教务长，廖世承任教育科教授。在陆志韦的领导下，心理学系发展得较快，有"国内最完备的心理学系"之誉，心理学系配有仪器和设备先进的心理学实验室。1927 年，东南大学与江苏其他八所高校合并成立第四中山大学，不久又更名为中央大学。中央大学完全承袭了东南大学的心理学仪器和图书，原注重理科的学科组成心理学系，隶属于理学院，潘菽任系主任。原注重教育的学科组成教育心理组，隶属于教育学系。1929 年，教育心理组扩充为教育心理学系，隶属教育学院，艾伟为系主任。1932 年，教育心理学系与理学院心理学系合并一系，隶属于教育学院，萧孝嵘出任系主任。1939年，中央大学教育学院改为师范学院，心理学系复归理学院，并在师范学院设立教育心理学所，艾伟出任所长。

1926年，北京大学正式建立心理学系。早在1919年，蔡元培在北京大学将学门改为学系，并在实行选科制时，将大学本科各学系分为五个学组，第三学组为心理学系、哲学系、教育系，当时只有哲学系存在，其他两系未能成立，有关心理学的课程都附设在哲学门（系）。1917年陈大齐在北京大学建立了中国第一个心理学实验室，次年他编写了我国第一本大学心理学教科书《心理学大纲》，该书广为使用，产生很大影响。1926年正式成立心理学系，并陆续添置实验仪器，使心理学实验室开始初具规模，不仅可以满足学生学习使用，教授也可以用来进行专门的研究。

1922年，庄泽宣回国后在清华大学（当时是清华学校时期）开始讲授普通心理学课程。1926年，清华大学将教育学和心理学并重而成立教育心理系。1928年3月1日，出版由教育心理系师生合编的刊物《教育与心理》（半年刊），时任系主任为主任编辑朱君毅，编辑牟乃祚和傅任敢。当年秋天清华大学成立心理学系，隶属于理学院，唐钺任心理学系主任，1930年起孙国华担任心理学系主任。1932年秋，清华大学设立心理研究所（后改称研究部），开始招收研究生。清华大学心理学系建立了一个在当时设备比较先进、完善的心理学实验室，其规模在当时中国心理学界内是数一数二的。

1923年7月，北京师范大学成立，其前身为北京高等师范学校。1920年9月张耀翔受聘于该校讲授心理学课，包括普通心理学、实验心理学、儿童心理学和教育心理学，并创建了一个可容十人的心理学实验室，可称得上当时中国第二个心理学室实验室。

1923年，郭任远受聘于复旦大学讲授心理学。当年秋季招收了十余名学生，成立心理学系，隶属于理科，初设人类行为之初步、实验心理学、比较心理学、心理学审明与翻译四门课程。1924年聘请唐钺讲授心理学史。郭任远曾将几百本心理学书籍杂志用作心理学系的图书资料，并募集资金添置实验仪器、动物和书籍杂志，其中动物就有鼠、鸽、兔、狗和猴等多种，以供实验和研究所用。至1924年，该系已经拥有了心理学、生理学和生物学方面中外书籍2000余册，杂志50余种。1925年郭任远募集资金盖了一个四层楼房，名为"子彬院"，将心理学系扩建为心理学院，并出任心理学院主任，这是当时国内唯一的一所心理学院。其规模居世界第三位，仅次于苏联巴甫洛夫心理学院和美国普林斯顿心理学院，故被称为远东第一心理学院。心理学院下拟设生物学系、生理学及解剖学系、动物心理学系、变态心理学系、社会心理学系、儿童心理学系、普通心理学系和应用心理学系等八个系，并计划将来变态心理学系附设精神病院，儿童心理学系附设育婴医院，应用心理学系附设实验学校。子彬院大楼内设有人类实验室、动物实验室、生物实验室、图书室、演讲厅、影戏厅、照相室、教室等。郭任远招揽了国内顶尖的教授到该院任教，在当时全国教育界享有"一院八博士"之誉。

1924 年，上海大夏大学成立。最初在文科设心理学系，教育科设教育心理组，并建有心理实验室。1936 年，扩充为教育学院教育心理学系，章颐年任系主任。当时该系办得很好，教育部特拨款添置设备，扩充实验室，增设动物心理实验室，并相继开展了多项动物心理研究。大夏大学心理学系很重视实践，自制或仿制实验仪器，并为其他大学心理学系代制心理学仪器，还印制了西方著名心理学家图片和情绪判断测验用图片，供心理学界同仁使用。该系师生还组织成立了校心理学会，创办儿童心理诊察所。大夏大学心理学系在心理学的应用和走向生活方面，属于当时国内心理学界的佼佼者。

1919 年，燕京大学最早设立心理科。1920 年刘廷芳赴燕京大学教授心理学课程，翌年经刘廷芳建议，心理学与哲学分家独立成系，隶属理学院，由刘廷芳兼任系主任，直至 1925 年。1926 年燕京大学进行专业重组，心理学系隶属文学院。刘廷芳本年度赴美讲学，陆志韦赴燕京大学就任心理学系主任和教授。刘廷芳在美期间为心理学系募款，得到白兰女士（Mrs. Mary Blair）巨额捐助，心理学系的图书仪器设备得到充实，实验室因此命名为"白兰氏心理实验室"。

1929 年，辅仁大学成立心理学系，首任系主任为德国人葛尔慈教授（Fr. Joseph Goertz），他曾师从德国实验心理学家林德渥斯基（Johannes Lindworsky），林德渥斯基是科学心理学之父冯特的学生。葛尔慈继承了德国实验心理学派的研究传统，在辅仁大学建立了在当时堪称一流的实验室，其实验仪器均是购自国外最先进的设备。

1927 年 6 月，中山大学成立心理学系，隶属文学院，并创建心理研究所，聘汪敬熙为系、所的主任。他开设了心理学概论、心理学论文选读和科学方法专题等课程。1927 年 2 月汪敬熙在美国留学期间，受戴季陶和傅斯年的邀请回国创办心理研究所，随即着手订购仪器。心理研究所创办时"已购有值毫银万元之仪器，堪足为生理心理学，及动物行为的研究之用，在设备上，在中国无可称二，即比之美国有名大学之心理学实验室，亦无多愧"①。

据《中华民国教育年鉴》统计，截止到 1934 年我国有国立、省立和私立大学共 55 所，其中有 21 所院校设立了心理学系（组）。至 1937 年之前，国内还有一些大学尽管没有成立心理学系，但通常在教育系下开设有心理学课程，甚至创建有心理学实验室，这些心理学力量同样也为心理学在中国的发展作出了重要贡献，如湖南大学教育学系中的心理学专业和金陵大学的心理学专业。

1928 年 4 月，中央研究院正式成立，蔡元培任院长。心理研究所为最初计划成立的五个研究所之一，这是我国第一个国家级的心理学专门研究机构。1928 年 1 月"中央研究院组织法"公布之后，心理研究所着手筹备，筹备委员会包括唐钺、汪敬熙、郭任远、傅斯年、陈宝锷、樊际昌等六人。② 1929 年 4 月

---

① 引自阎书昌：《中国近现代心理学史（1872—1949）》，上海：上海教育出版社 2015 年版，第 129 页。

② 《中央研究院心理学研究所筹备委员会名录》，载《大学院公报》1928 年第 1 期。

中央研究院决定成立心理研究所，于 5 月在北平正式成立，唐钺任所长。1933 年 3 月心理研究所南迁上海，汪敬熙任所长。此时工作重点侧重神经生理方面的研究。1935 年 6 月，心理研究所又由上海迁往南京。1937 年，抗战全面爆发后，心理研究所迁往长沙，后到湖南南岳，又由南岳经桂林至阳朔，1940 年冬，至桂林南部的雁山村稍微安定，才恢复了科研工作。抗战胜利后，1946 年 9 月，心理研究所再次迁回上海。

（四）统一与审定专业术语

作为一个学科，其专业术语的定制具有重要的意义。1908 年，清学部尚书荣庆聘严复为学部编订名词馆总纂，致力于各个学科学术名词的厘定与统一。学部编订名词馆是我国第一个审定科学技术术语的统一机构。《科学》发刊词指出："译述之事，定名为难。而在科学，新名尤多。名词不定，则科学无所依倚而立。"① 庄泽宣留学回国之后发现心理学书籍越来越多，但是各人所用的心理学名词各异，深感心理学工作开展很不方便。1922 年，中华教育改进社聘请美国教育心理测验专家麦柯尔（William Anderson McCall，1891—1982）来华讲学并主持编制多种测验。麦柯尔曾邀请朱君毅审查统计和测验的名词。随后他又提出要开展心理学名词审定工作，并打算邀请张耀翔来做这件事情，但后来把这件事情委托给了庄泽宣。庄泽宣声称利用这次机会，可以钻研一下中国的文字适用于科学的程度如何。庄泽宣首先利用华伦著《人类心理学要领》（*Elements of*

---

① 《发刊词》，载《科学》1915 年第 1 卷第 1 期。

Human Psychology，1922）一书的心理学术语表，并参照其他的书籍做了增减，然后对所用的汉语心理学名词进行汇总。本来当时计划召集京津附近的心理学者进行商议，但是未能促成。庄泽宣在和麦柯尔商议之后，就开始"大胆定译名"，最后形成了译名草案，由中华教育改进社在 1923 年 7 月印制之后分别寄送给北京、天津、上海、南京的心理学家，以征求意见。最后由中华教育改进社于 1924 年正式出版中英文对照的《心理学名词汉译》一书。

继庄泽宣开展心理学名词审查之后，1931 年清华大学心理系主任孙国华领导心理学系及清华心理学会全体师生着手编制中国心理学字典。此时正值周先庚回国，他告知华伦的心理学词典编制计划在美国早已公布，而且规模宏大，筹划精密，两三年内应该能出版。中国心理学字典的编译工作可以暂缓，待华伦的心理学词典出版之后再开展此项工作。1934 年该系助教米景沅开始搜集整理英汉心理学名词，共计 6000 多词条，初选之后为 3000 多，并抄录成册，曾呈请陆志韦校阅，为刊印英汉心理学名词对照表做准备。而此时由国立编译馆策划，赵演主持的心理学名词审查工作也已开始，一改过去个人或小规模进行心理学名词编制工作的局面，组织了当时中国心理学界多方面的力量参与这项工作，并取得很好的成绩。

1935 年夏天，商务印书馆开始筹划心理学名词的审查工作，由赵演主持，左任侠协助。商务印书馆计划将心理学名词分普通心理学、变态心理学、生理心理学、应用心理学和心理学仪器与设备五部分分别审查，普通心理学名词是最早开始审查的。

赵演首先利用华伦的《心理学词典》（*Dictionary of Psychology*）搜集心理学专业名词，并参照其他书籍共整理出 2732 个英文心理学名词。在整理英文心理学名词之后，他又根据 49 种重要的中文心理学译著，整理出心理学名词的汉译名称，又将散见于当时报刊上的一些汉译名词补入，共整理出 3000 多个。此后又将这些资料分寄给国内 59 位心理学家，以及 13 所大学的教育学院或教育系征求意见，此后相继收到 40 多位心理学家的反馈意见。这基本上反映了国内心理学界对这份心理学名词的审查意见。例如，潘菽在反馈意见中提到，心理学名词的审查意味着标准化，但应该是帮助标准化，而不能创造标准。心理学名词自身需要经过生存的竞争，待到流行开来再进行审查，通过审查进而努力使其标准化。[①] 经过此番的征求意见之后，整理出 1393 条心理学名词。此时成立了以陆志韦为主任委员的普通心理学名词审查委员会，共 22 名心理学家，审查委员会的成员均为教育部正式聘请。赵演还整理了心理学仪器名词 1000 多条，从中选择了重要的 287 条仪器名称和普通心理学名词一并送审。1937 年 1 月 19 日在国立编译馆举行由各审查委员会成员参加的审查会议，最后审查通过了 2000 多条普通心理学名词，100 多条心理学仪器名词（后来并入普通心理学名词之中）。1937 年 3 月 18 日教育部正式公布审查通过的普通心理学名词。1939 年 5 月商务印书馆刊行了《普通心理学名词》。赵演空难离世，致使原本拟定的变态心理学、生理心理学和应用心理学名

---

① 潘菽：《审查心理学名词的原则》，载《心理学半年》1936 年第 3 卷 1 期。

词的审定工作中止了，当然，全面抗战的爆发也是此项工作未能继续下去的重要原因。

四、中国本土化：中国现代心理学的目标

早在 1922 年《心理》杂志的发刊词中就明确提出："中华心理学会会员研究心理学是从三方面进行：一、昌明国内旧有的材料；二、考察国外新有的材料；三、根据这两种材料来发明自己的理论和实验。办这个杂志，是要报告他们三方面研究的结果给大家和后世看。"[①]"发明自己的理论和实验"为中国早期心理学者提出了发展的方向和目标，就是要实现心理学的中国本土化。

自《心理》杂志创刊之后，有一批心理学文章探讨了中国传统文化中的心理学思想，例如余家菊的《荀子心理学》、汪震的《戴震的心理学》和《王阳明心理学》、无观的《墨子心理学》、林昭音的《墨翟心理学之研究》、金㧑之的《孟荀贾谊董仲舒诸子性说》、程俊英的《中国古代学者论人性之善恶》和《汉魏时代之心理测验》、梁启超的《佛教心理学浅测》等。[②]这些文章在梳理中国传统文化中心理学思想的同时，还提出建设"中国心理学"的本土化意识。汪震在《王阳明心理学》一文中提出："我们研究中国一家一家心理的目的，就是想造成一部有

[①] 《本杂志宗旨》，载《心理》1922 年第 1 卷 1 号。

[②] 张耀翔：《从著述上观察中国心理学之研究》，载《图书评论》1933 年第 1 期。

系统的中国心理学。我们的方法是把一家一家的心理学用科学方法整理出来,然后放在一处作一番比较,考察其中因果的关系,进一步的方向,成功一部中国心理学史。"[①] 景昌极在《中国心理学大纲》一文更为强调中国"固有"的心理学:"所谓中国心理学者,指中国固有之心理学而言,外来之佛教心理学等不与焉。"[②] 与此同时,中国早期心理学家还从多个维度上开展了面向中国人生活文化与实践的心理学考察和研究,为构建中国人的心理学或者说中国心理学进行了早期探索工作。例如,张耀翔以中国的八卦和阿拉伯数字为研究素材,用来测验中国人学习能力,尤其是学习中国文字的能力。[③] 又如,罗志儒对1600多中国名人的名字进行等级评定,分析了名字笔画、意义、词性以及是否单双字与出名的关系。[④] 再如,陶德怡调查了《康熙字典》中形容善恶的汉字,并予以分类、比较,由此推测国民对于善恶的心理,以及国民道德的特色和缺点,并提出了改进国民道德的建议。[⑤] 这些研究并非是单纯的文本分析,既有利用中国传统文化中的资料为研究素材所开展的探讨,也有利用现实生活的资料为素材,探讨中国人的心理与行为规律。从这些研究中,我们可以看出中国早期开展的心理学研究对中西方

　① 汪震:《王阳明心理学》,载《心理》1924 年第 3 卷 3 号。

　② 景昌极:《中国心理学大纲》,载《学衡》1922 年第 8 期。

　③ 张耀翔:《八卦研究》,载《心理》1922 年第 1 卷 2 号。

　④ 罗志儒:《出名与命名的关系》,载《心理》1924 年第 3 卷第 4 号。

　⑤ 引自阎书昌:《中国近现代心理学史(1872—1949)》,上海:上海教育出版社 2015 年版,第 193 页。

文化差异的关注和探索，对传统文化和生活实践的重视。

到了 20 世纪 30 年代，中国心理学在各个领域都取得了长足的发展，一些心理学家开始总结过去 20 年发展的经验和不足，讨论中国心理学到底要走什么样的道路。1933 年，张耀翔在《从著述上观察中国心理学之研究》一文中写道："'中国心理学'可作两解：（一）中国人创造之心理学，不拘理论或实验，苟非抄袭外国陈言或模仿他人实验者皆是；（二）中国人绍介之心理学，凡一切翻译及由外国文改编，略加议论者皆是。此二种中，自以前者较为可贵，惜不多见，除留学生数篇毕业论文（其中亦不尽为创作）与国内二三大胆作者若干篇'怪题'研究之外，几无足述。"① 可见，张耀翔明确提出要发展中国人自己的心理学。同年，汪敬熙在《中国心理学的将来》一文中提出了中国心理学的发展方向问题："心理学并不是没有希望的路走……中国心理学可走的路途可分理论的及实用的研究两方面说。……简单说来，就国际心理学界近来的趋势，和我国心理学的现状看去，理论的研究有两条有希望的路。一是利用动物生态学的方法或实验方法去详细记载人或其他动物自受胎起至老死止之行为的发展。在儿童心理学及动物心理学均有充分做这种研究的机会。这种记载是心理学所必需的基础。二是利用生理学的智识和方法去做行为之实验的分析"②，而实用的研究这条路则是工业心理的研究。汪敬熙的研究思想及成果对我

---

① 张耀翔：《从著述上观察中国心理学之研究》，载《图书评论》1933 年第 1 期。

② 汪敬熙：《中国心理学的将来》，载《独立评论》1933 年第 40 号。

国心理学的生理基础领域研究有着深远的影响。1937 年，潘菽在《把应用心理学应用于中国》一文中提出："我们要讲的心理学，不能把德国的或美国的或其他国家的心理学尽量搬了来就算完事。我们必须研究我们自己所要研究的问题。研究心理学的理论方面应该如此，研究心理学的应用方面更应该如此。"只有"研究中国所有的实际问题，然后才能有贡献于社会，也只有这样，我们才能使应用心理学在中国发达起来。……我们以后应该提倡应用的研究，但提倡的并不是欧美现有的应用心理学，而是中国实际所需要的应用心理学。"[1]

上述这些论述包含着真知灼见，其背后隐含着我国第一代心理学家对心理学在中国的本土化和发展中国人自己心理学的情怀。发展中国的心理学固然需要翻译和引介西方的心理学，模仿和学习国外心理学家开展研究，但这并不能因此而忽视、漠视中国早期心理学家本土意识的萌生，并进而促进中国心理学的自主性发展。[2] 在中国现代心理学的各个领域分支中，都有一批心理学家在执着于面向中国生活的心理学实践工作的开展，其中有两个最能反映中国第一代心理学家以本土文化和社会实践为努力目标进行开拓性研究并取得丰硕成果的领域：一是汉字心理学研究，二是教育与心理测验。

---

[1] 潘菽：《把应用心理学应用于中国》，载《心理半年刊》1937 年第 4 卷 1 期。

[2] Blowers，G. H.，Cheung，B. T.，& Han，R.，Emulation vs. indigenization in the reception of western psychology in Republican China：An analysis of the content of Chinese psychology journals（1922－1937）. *Journal of the History of the Behavioral Sciences*. 2009，45（1）.

汉字是中国独特的文化产物。以汉语为母语的中国人在接触西方心理学的过程中很容易唤起本土研究的意识，引起那些接受西方心理学训练的中国留学生的关注，并采用科学的方法对其进行研究。20 世纪 20 年代前后中国国内正在兴起新文化运动，文字改革的呼声日渐高涨。最早开展汉字心理研究的是刘廷芳于 1916—1919 年在美国哥伦比亚大学所做的六组实验，其被试使用了 398 名中国成年人，18 名中国儿童，9 名美国成年人和 140 名美国儿童。[①] 其成果后来于 1923—1924 年在北京出版的英文杂志《中国社会与政治学报》（*The Chinese Social and Political Science Review*）上分次刊载。1918 年张耀翔在哥伦比亚大学进行过"横行排列与直行排列之研究"[②]，1919 年高仁山（Kao，J. S.）与查良钊（Cha，L. C.）在芝加哥大学开展了汉语和英文阅读中眼动的实验观察，1920 年柯松以中文和英文为实验材料进行了阅读效率的研究。[③] 自 1920 年起陈鹤琴等人花了三年时间进行语体文应用字汇的研究，并根据研究结果编成中国第一本汉字查频资料即《语体文应用字汇》，开创了汉字字量的科学研究之先河，为编写成人扫盲教材和儿童课本、读物提供了用字的科学依据。1921—1923 年周学章在桑代克的指

---

① 周先庚：《美人判断汉字位置之分析》，载《测验》1934 年第 3 卷 1 期。

② 艾伟：《中国学科心理学之发展》，载《教育心理研究》1940 年第 1 卷 3 期。

③ Tinker，M. A.，Physiological psychology of reading. *Psychological Bulletin*，1931，28（2）. 转引自陈汉标：《中文直读研究的总检讨》，载《教育杂志》1935 年第 25 卷 10 期。

导下进行"国文量表"的博士学位论文研究，1922—1924 年杜佐周在爱荷华州立大学做汉字研究。1923—1925 年艾伟在华盛顿大学研究汉字心理，他获得博士学位回国后，一直致力于汉语的教与学的探讨，其专著《汉字问题》（1949）对提高汉字学习效能、推动汉字简化以及汉字由直排改为横排等，均产生了重要影响。1925—1927 年沈有乾在斯坦福大学进行汉字研究并发表了实验报告，他是利用眼动照相机观察阅读时眼动情况的早期研究者之一。1925 年赵裕仁在国内《新教育》杂志上发表了《中国文字直写横写的研究》，1926 年陈礼江和卡尔在美国《实验心理学杂志》上发表关于横直读的比较研究。同一年，章益在华盛顿州立大学完成《横直排列及新旧标点对于阅读效率之影响》的研究，蔡乐生（Loh Seng，Tsai）在芝加哥大学设计并开展了一系列的汉字心理研究，并于 1928 年与亚伯奈蒂（E. Abernethy）合作发表了《汉字的心理学Ⅰ：字的繁简与学习的难易》一文[1]，其后又分别完成了"字的部首与学习之迁移""横直写速率的比较""长期练习与横直写速率的关系"等多项实验研究。蔡乐生在研究中从笔画多少以及整体性的角度，首次发现和证明了汉字心理学与格式塔心理学的关联性。[2] 1925 年周先庚于入学斯坦福大学之后，在迈尔斯指导下开展了汉字阅读心理的系列研究。他关于汉字横竖排对阅读影响的实验结

---

① 阎书昌：《中国近现代心理学史（1872—1949）》，上海：上海教育出版社 2015 年版，第 162 页。

② 蔡乐生：《为〈汉字的心理研究〉答周先庚先生》，载《测验》1935 年第 2 卷 2 期。

果，证实了决定汉字横竖排利弊的具体条件。他并没有拘泥于汉字横直读的比较问题上，而是探索汉字位置和阅读方向的关系。周先庚受格式塔心理学的影响，从汉字的组织性视角来审视，一个汉字与其他汉字在横排上的格式塔能否迁移到竖排汉字的格式塔上，以及这种迁移对阅读速度影响大小的问题。他提出汉字分析的三个要素，即位置、方向及持续时间，其中位置是最为重要的要素。① 他在美国《实验心理学杂志》和《心理学评论》上分别发表了四篇实验报告和一篇理论概括性文章。他还热衷于阅读实验仪器的设计与改良，曾发明四门速示器（Quadrant Tachistocope）专门用于研究汉字的识别与阅读。

1920 年前后有十多位心理学家从事汉字心理学的相关研究，其中既有中国留学生在美国导师指导下进行的研究，也有国内学者开展的研究，研究的主题多为汉字的横直读与理解、阅读效率等问题，这与当时新文化运动中革新旧文化和旧习惯思潮有着紧密联系，同时也受到东西方文字碰撞的影响，因为中国旧文字竖写，而西方文字横写，两种文字的混排会造成阅读的困扰。这些心理学家在当时开展汉字的心理学研究的方法涉及速度记录法、眼动记录、速示法、消字法等多种方法，而且还有学者专门为研究汉字研制了实验仪器，利用的中国语言文字材料涉及文言文散文、白话散文、七言诗句等，从而在国际心理学舞台上开创了一个崭新的研究领域，对于改变汉字此前在西方心理学研究之中仅仅被用作西方人不认识的实验材料的局

---

① Chou，S. K.，Reading and legibility of Chinese characters. *Journal of Experimental Psychology*. 1929，12（2）.

面具有重要的意义。① 汉字心理学研究对推动心理学的中国本土化作出了重要贡献，同时也为国内文字改革提供了科学的实验依据，正如蔡乐生所说："我向来研究汉字心理学的动机是在应用心理学实验的技术，求得客观可靠的事实，来解决中国字效率的问题。"②

在中国现代心理学发展历程中一向重视心理测验工作，测验一直与教育有着密切联系，在此基础上，逐渐向其他领域不断扩展。在 20 世纪 20 年代，仅《心理》杂志就刊载智力测验类文章 14 篇，教育测验类文章 11 篇，心理测验类文章 3 篇，职业测验类文章 1 篇。另外，还介绍其他杂志上测验类文章 57 篇。这反映了 20 年代初期国内心理与教育测验发展迅猛。

陈鹤琴与廖世承最早开拓了中国现代心理与教育测验事业，大力倡导、践行这一领域的工作。陈鹤琴在国内较早发表了《心理测验》③《智力测验的用处》④ 等文章。1921 年他与廖世承合著的《智力测验法》是我国第一部心理测验方面著作。该书介绍个人测验与团体测验，其中 23 种直接采用了国外的内容，12 种根据中国学生的特点自行创编。该书被时任南京高师校长

---

① 例如 1920 年赫尔（Clark Leonard Hull）、1923 年郭任远都曾利用汉字做过实验素材。

② 蔡乐生：《为〈汉字的心理研究〉答周先庚先生》，载《测验》1935 年第 2 卷 2 期。

③ 陈鹤琴：《心理测验》，载《教育杂志》1921 年第 13 卷 1 期。

④ 陈鹤琴：《智力测验的用处》，载《心理》1922 年第 1 卷 1 号。

郭秉文赞誉为："将来纸贵一时，无可待言。"[①] 陈鹤琴还自编各种测验，如"陈氏初小默读测验""陈氏小学默读测验"等。他的默读测验、普通科学测验和国语词汇测验被冠以"陈氏测验法"。[②] 后又著有《教育测验与统计》（1932）和《测验概要》（与廖世承合著，1925）等。[③] 廖世承在团体测验编制上贡献最大，1922年美国哥伦比亚大学心理学教授、测验专家麦柯尔来华指导编制各种测验，廖世承协助其工作。廖世承编制了"道德意识测验"（1922）、"廖世承团体智力测验"（1923）、"廖世承图形测验"（1923）和"廖世承中学国语常识测验"（1923）等。1925年他与陈鹤琴合著的《测验概要》出版，该书强调从中国实际出发，"书中所举测验材料，大都专为适应我国儿童的"。[④] 该书奠定了我国中小学教育测验的基础，在当时处于领先水平。这一年也被称为"廖氏之团体测验年"，是教育测验上的一大创举。[⑤] 1924年，陆志韦从中国实际出发，主持修订《比纳-西蒙量表》，并公布了《订正比纳-西蒙智力测验说明书》。

[①] 北京市教育科学研究所编：《陈鹤琴全集》（第5卷），南京：江苏教育出版社1991年版，第384页。

[②] 据《中华教育改进社第三次会务报告》记载，截至1924年6月，该社编辑出版的19种各类学校测验书籍中，陈鹤琴编写的中学、小学默读测验和常识测验书籍有5本。

[③] 北京市教育科学研究所编：《陈鹤琴全集》（第5卷），南京：江苏教育出版社1991年版，第653页。

[④] 北京市教育科学研究所编：《陈鹤琴全集》（第5卷），南京：江苏教育出版社1991年版，第653页。

[⑤] 许祖云：《廖世承、陈鹤琴〈测验概要〉：教育测验的一座丰碑》，载《江苏教育》2002年19期。

1936 年，陆志韦与吴天敏合作，再次修订《比纳-西蒙测验说明书》，为智力测验在我国的实践应用和发展起到了推动作用。

1932 年，《测验》杂志创刊，对心理测验与教育测验工作产生了极大地推动作用，在该杂志上发表了许多文章讨论测验对中国教育的价值和功用。在我国心理测验的发展历程中，还有一批教育测验的成果，如周先庚主持的平民教育促进会的教育测验成果。20 世纪 30 年代，对心理与教育测验领域贡献最大的是同在中央大学任职的艾伟和萧孝嵘。艾伟从 1925 年起编制中小学各年级各学科测验、儿童能力测验及智力测验，如"中学文白理解力量表""汉字工作测验"等八种，"小学算术应用题测验""高中平面几何测验"等九种，大、中学英语测验等四种。这些测验的编制，既是中国编制此类测验的开端，也为心理测量的中国化奠定了基础。艾伟还于 1934 年在南京创办试验学校，直接运用测验于教育，以选拔儿童，因材施教。萧孝嵘于 20 世纪 30 年代中期从事各种心理测验的研究。1934 年着手修订"墨跋智力量表"，他还修订了古氏（Goodenough）"画人测验"、普雷塞（Pressey）"XO 测验"、莱氏（Laird）"品质评定"、马士道（Marston）"人格评定"和邬马（Woodworth-Matheus）"个人事实表格"等量表。抗战全面爆发后，中央大学迁往陪都重庆，他订正数种"挑选学徒的方法"，编制几项"军队智慧测验"。萧孝嵘强调个体差异，重视心理测验在教育、实业、管理、军警中的应用。

五、国际参与性：中国现代心理学的影响

我们完全可以说，我国第一代心理学家的研究水平和国外第二代或第三代心理学家的研究水平是处在同一个起跑线上的，他们取得了极高的学术成就，为我国心理学赢得了世界性荣誉。就中国心理学与国外心理学的差距来说，当时的差距远小于今天的差距。当然，今天的差距主要是中国心理学长期的停滞所造成的结果。中国留学生到国外研修心理学，跟随当时西方著名心理学家们学习和研究，他们当中有人在学习期间就取得了很大成就，产生了国际学术影响。例如，陆志韦应用统计和数学方法对艾宾浩斯提出的记忆问题进行了深入的研究，提出许多新颖的见解，修正了艾宾浩斯的"遗忘曲线"。又如，陈立对其老师斯皮尔曼的 G 因素不变说提出了质疑，被美国著名心理测验学家安娜斯塔西在其《差异心理学》一书中加以引用。后来心理学家泰勒在《人类差异心理学》一书中将陈立的研究成果评价为 G 因素发展研究中的转折点。[①] 下面具体介绍三位在国际心理学界产生更大影响的中国心理学家的主要成就。

（一）郭任远掀起国际心理学界的反本能运动

郭任远在美国读书期间，就对欧美传统心理学中的"本能"学说产生怀疑。1920 年在加利福尼亚大学举行的教育心理学研讨会上，他作了题为《取消心理学上的本能说》的报告，次年

① 车文博：《学习陈老开拓创新的精神，开展可持续发展心理学的研究》，载《应用心理学》2001 年第 1 期。

同名论文在美国《哲学杂志》上发表。他说:"本篇的主旨,就是取消目下流行的本能说,另于客观的和行为的基础上,建立一个新的心理学解释。"[①] 郭任远尖锐地批评了当时美国心理学权威麦独孤的本能心理学观点,指出其关于人的行为起源于先天遗传而来的本能主张是错误的,认为有机体除受精卵的第一次动作外,别无真正不学而能的反应。该文掀起了震动美国心理学界关于"本能问题"的大论战。麦独孤于1921—1922年撰文对郭任远的批评进行了答辩,并称郭任远是"超华生"的行为主义者。行为主义心理学创始人华生受郭任远这篇论文及其以后无遗传心理学研究成果的影响,毅然放弃了关于"本能的遗传"的见解,逐渐转变成为一个激进的环境决定论者[②]。郭任远后来说:"在1920—1921年的一年间虽然有几篇内容相近的、反对和批评本能的论文发表,但是在反对本能问题上,我就敢说,我是最先和最彻底的一个人。"[③]

1923年,郭任远因拒绝按照学术委员会的意见修改学位论文而放弃博士学位回国任教[④],此后其主张更趋极端,声称不但要否认一切大小本能的存在,就是其他一切关于心理遗传观念和不学而能的观念都要一网打尽,从而建设"一个无遗传的行

[①] Kuo, Z. Y., Giving up instincts in psychology. *The Journal of Philosophy*. 1921, 18 (24).

[②] Hothersall, D., *History of Psychology (Fourth Edition)*. New York: McGraw-Hill, 2004, p. 482.

[③] 郭任远:《心理学与遗传》,上海:商务印书馆1929年版,第237页。

[④] 1936年,在导师托尔曼的帮助下,郭任远重新获得博士候选人资格,并获得博士学位。

为科学"。[①] 他明确指出："（1）我根本反对一切本能的存在，我以为一切行为皆是由学习得来的。我不仅说成人没有本能，即使是动物和婴儿也没有这样的东西。（2）我的目的全在于建设一个实验的发生心理学。"为了给他的理论寻找证据，郭任远做了一个著名的"猫鼠同笼"的实验。该实验证明，猫捉老鼠并不是从娘胎生下来就具有的"本能"，而是后天学习的结果。后来郭任远又以独创的"郭窗"（Kuo window）方法研究了鸡的胚胎行为的发展，即先在鸡蛋壳开个透明的小窗口，然后进行孵化，在孵化的过程中对小鸡胚胎的活动进行观察。该研究证明了，一般人认为小鸡一出生就有啄食的"本能"是错误的，啄食的动作是在胚胎中学习的结果。这些实验在今天仍被人们奉为经典。郭任远于 1967 年出版的专著《行为发展之动力形成论》[②]，用丰富的事实较完善地阐述了他关于行为发展的理论，一时轰动西方心理学界。

在郭任远逝世 2 周年之际，1972 年美国《比较与生理心理学》杂志刊载了纪念他的专文《郭任远：激进的科学哲学家和革新的实验家》，并以整页刊登他的照片。该文指出："郭任远先生的胚胎研究及其学说，开拓了西方生理学、心理学新领域，尤其是对美国心理学的新的理论研究开了先河，有着不可磨灭的贡献。""他以卓尔不群的姿态和勇于探索的精神为国际学术

---

① Kuo，Z. Y.，A psychology without heredity. *The Psychological Review*. 1924，31（6），pp. 427—448.

② Kuo，Z. Y.，*The dynamics of behavior development：An epigenetic view*. New York：Random House. 1967.

界留下一笔丰厚的精神财富"。① 这是《比较与生理心理学》创刊以来唯一一次刊文专门评介一个人物。郭任远是被选入《实验心理学 100 年》一书中唯一的中国心理学家②，他也是目前唯一一位能载入世界心理学史册的中国心理学家。史密斯（N. W. Smith）在《当代心理学体系——历史、理论、研究与应用》（2001）一书的第十三章中，将郭任远专列一节加以介绍。③

（二）萧孝嵘澄清美国心理学界对格式塔心理学的误解

格式塔心理学是西方现代心理学的一个重要派别，最初产生于德国，其三位创始人是柏林大学的惠特海墨、苛勒和考夫卡。1912 年惠特海墨发表的《似动实验研究》一文是该学派创立的标志。1921 年他发表的《格式塔学说研究》一文是描述该学派的最早蓝图。1922 年考夫卡据此文应邀为美国《心理学公报》撰写了一篇《知觉：格式塔理论引论》④，表明了三位领导人的共同观点，引起美国心理学界众说纷纭。当时美国心理学界对于新兴的格式塔运动还不甚了解，甚至存在一些误解。针对这种情况，正在美国读书的中国学生萧孝嵘，于 1927 年在哥伦比亚大学获得硕士学位后即前往德国柏林大学，专门研究格

---

① Gottlieb. G. ，Zing-Yang Kuo：Radical Scientific Philosopher and Innovative Experimentalist（1898—1970）. *Journal of Comparative and Physiological Psychology*. 1972，8（1）.

② 马前锋：《中国行为主义心理学家郭任远——"超华生"行为主义者》，载《大众心理学》2006 年第 1 期。

③ Smith，N. W. 著，郭本禹等译：《当代心理学体系》，西安：陕西师范大学出版社 2005 年版，第 332—336 页。

④ Koffka，K.，Perception：An introduction to Gestalt-theorie. *Psychological Bulletin*. 1922，19.

式塔心理学。他于次年在美国发表了两篇关于格式塔心理学的论文《格式塔心理学的鸟瞰观》①和《从1926年至1927年格式塔心理学的某些贡献》②，比较系统明晰地阐述了格式塔心理学的主要观点和最新进展。这两篇文章在很大程度上澄清了美国心理学界对格式塔心理学的错误认识，受到著名的《实验心理学史》作者、哈佛大学心理学系主任波林的好评。同一年他将其中的《格式塔心理学的鸟瞰观》稍作增减后在国内发表。③此文引起在我国最早译介格式塔心理学的高觉敷的关注，他建议萧孝嵘撰写一部格式塔心理学专著，以作系统深入的介绍。萧孝嵘于1931年在柏林写就《格式塔心理学原理》，他在此书"缘起"中指出："往岁上海商务印书馆高觉敷先生曾嘱余著一专书……此书之成，实由于高君之建议。""该书专论格式塔心理学之原理。这些原理系散见于各种著作中，而在德国亦尚未有系统的介绍。"④这本著作是我国心理学家在1949年之前出版的唯一一本有关格式塔心理学原理的著作，在心理学界产生了很大的影响。当时在美国有关格式塔心理学原理的著作，仅有苛勒以英文撰写的《格式塔心理学》（*Gestalt Psychology*）于

---

① Hsiao，H. H.，A suggestive review of Gestalt psychology. *Psychological Review*. 1928，35（4）.

② Hsiao，H. H.，Some contributions of Gestalt psychology from 1926 to 1927. *Psychological Bulletin*. 1928，25（10）.

③ 萧孝嵘：《格式塔心理学的鸟瞰观》，载《教育杂志》1928年第20卷9号。

④ 萧孝嵘：《格式塔心理学原理》，上海：国立编译馆1934年版，"缘起"第1页。

1929 年出版，而考夫卡以英文写作的《格式塔心理学原理》
（*Principles of Gestalt Psychology*）则迟至 1935 年才问世。

（三）戴秉衡继承精神分析社会文化学派的思想

戴秉衡（Bingham Dai）于 1929 年赴芝加哥大学学习社会
学，1932 年完成硕士学位论文《说方言》。他在分析过若干说方
言者的"生命史"与"文化模式"之后，提出一套"社会心理
学"的解释："个体为社会不可分割之部分，而人格是文化影响
的产物。"① 同年，戴秉衡在攻读芝加哥大学社会学博士学位时，
结识并接受精神分析社会文化学派代表人物沙利文的精神分析，
沙利文还安排他由该学派的另一代表人物霍妮督导。沙利文和
霍妮都反对弗洛伊德的正统精神分析，提出了精神分析的社会
文化观点，像他的导师们一样，戴秉衡不仅仅根据内心紧张看
待人格问题，而是从社会文化背景理解人格问题。② 1936 年至
1939 年，戴秉衡在莱曼（Richard S. Lyman）任科主任的私立
北平协和医学院（北京协和医学院的前身）神经精神科从事门
诊、培训和研究工作。拉斯威尔在 1939 年的文章指出，受过社
会学和精神分析训练的戴秉衡在协和医学院的工作为分析"神
经与精神症人格"，借以发现"特定文化模式整合入人格结构中

---

① 转引自王文基：《"当下为人之大任"——戴秉衡的俗人精神分
析》，载《新史学》2006 年第 17 卷第 1 期。

② Blowers, G. , Bingham Dai, Adolf Storfer, and the tentative be-
ginnings of psychoanalytic culture in China, 1935－1941. *Psychoanalysis
And History*. 2004，6（1）.

之深度"。①

1939 年，戴秉衡返回美国，先后在费斯克大学、杜克大学任教。此后，他以在北平协和医学院工作期间收集到的资料继续沿着沙利文的思想进行研究，发表了多篇论文，成为美国代表沙利文学说的权威之一。他在《中国文化中的人格问题》② 一文中分析了中国患者必须面对经济与工作、家庭、学业、社会、婚外情等社会问题。他在《战时分裂的忠诚：一例通敌研究》③一文提出疾病来自于社会现实与自我的冲突，适应是双向而非单向的过程，也提出选择使用"原初群体环境"概念取代弗洛伊德的"俄狄浦斯情结"。他重点关注文化模式与人格结构之间的互相作用，并不重视弗洛伊德主张童年经验对个体以后心理性欲发展影响的观点，他更加关注的是"当下"。他也不赞同弗洛伊德的潜意识和驱力理论，始终从意识、社会意识、集体意识出发，思考精神疾病的起因及中国人格结构的生成。他还创立了自己独特的分析方法，被称为"戴分析"（Daianalysis）。据曾在杜克大学研修过的我国台湾叶英堃教授回忆："在门诊部进修时，笔者被安排接受 Bingham Dai 教授的'了解自己'的分析会谈……Dai（戴）教授是中国人，系中国大陆北京协和医院

---

① 转引自王文基：《"当下为人之大任"——戴秉衡的俗人精神分析》，载《新史学》2006 年第 17 卷第 1 期。

② Dai，B.，Personality problems in Chinese culture. *American Sociological Review*. 1941，6（5）.

③ Dai，B.，Divided loyalty in war：A study of cooperation with the enemy. *Psychiatry：Journal of the Biology and Pathology of Interpersonal Relationships*. 1944，7（4）.

的心理学教授……为当时在美国南部为数还少的 Sullivan 学说权威学者之一。"[1]

六、名著丛编：中国现代心理学的掠影

我国诸多学术史研究都存在"远亲近疏"现象。就我国的心理学史研究来说，对中国古代心理学史和外国心理学史研究较多，而对中国近现代心理学史研究较少。中国近现代心理学史研究一直相对粗略，连心理学专业人士对我国第一代心理学家的生平和成就的了解都是一鳞半爪，知之甚少。新中国成立后，由于长期受到左倾思想的影响，心理学不受重视乃至遭到批判甚至被取消，致使大多数主要学术活动在民国期间进行的中国第一代心理学家受到错误批判，一部分新中国成立前夕移居台湾和香港地区或国外的心理学家的研究与思想，在过去较长一段时期内，更是人们不敢提及的研究禁区。这不能不说是我国心理学界的一大缺憾！民国时期的学术是中国现代学术史上成就极大的时期，当时的中国几乎成为世界学术的缩影。就我国心理学研究水平而言，更是如此。中国现代心理学作为现代学科体系中重要的组成部分，正是在民国期间确立的，它是我国当代心理学发展的思想源头，我们不能忘记这一时期中国心理学的学术成就，不能忘记中国第一代心理学家的历史贡献。

---

[1]　王浩威：《1945 年以后精神分析在台湾的发展》，载施琪嘉、沃尔夫冈·森福主编：《中国心理治疗对话·第 2 辑·精神分析在中国》，杭州：杭州出版社 2009 版，第 76 页。

我国民国时期出版了一批高水平、有影响力的心理学著作①，它们作为心理学知识的载体对继承学科知识、传播学科思想、建构中国人的心理学文化起到了重要作用。但遗憾的是，民国期间的心理学著作大多数都被束之高阁，早已被人们所忘却。我们编辑出版的这套"二十世纪中国心理学名著丛编"，作为民国时期出版的心理学著作的一个缩影或窗口，借此重新审视和总结我国这一时期心理学的学术成就，以推进我国当前心理学事业的繁荣和发展。"鉴前世之兴衰，考当今之得失"，这正是我们编辑出版这套"丛编"的根本出发点。

这套"丛编"的选编原则是：第一，选编学界有定评、学术上自成体系的心理学名作；第二，选编各心理学分支领域的奠基之作或扛鼎之作；第三，选编各心理学家的成名作品或最具代表之作；第四，选编兼顾反映心理学各分支领域进展的精品力作；第五，选编兼顾不同时期（1918—1949）出版的心理学优秀范本。

郭本禹、阎书昌

2017 年 7 月 18 日

---

① 北京图书馆依据北京图书馆、上海图书馆和重庆图书馆馆藏的民国时期出版的中文图书所编的《民国时期总书目》（1911—1949），基本上反映了这段时期中文图书的出版面貌，是当前研究民国时期图书出版较权威的工具书。它是按学科门类以分册形式出版的，根据对其各分册所收录的心理学图书进行统计，民国时期出版的中文心理学图书共计 560 种，原创类图书约占 66％，翻译类图书约占 34％。参见何姣、胡清芬：《出版视阈中的民国时期中国心理学发展史考察——基于民国时期心理学图书的计量分析》，载《心理学探新》2014 年第 2 期。

特邀编辑前言

一、阮镜清的学术生平

阮镜清（1905—1993），汉族，我国著名心理学家、教育家，华南师范大学心理学学科创始人。1905 年 7 月 2 日，阮镜清出生于广东省香山县（今中山市）一个小商贩家庭。因家境清贫、体弱多病，直到八九岁才入私塾接受教育。他勤勉学习，四年后考入隆镇高等小学。① 就读小学期间，其父不幸离世，给这个清贫之家以重大打击，倍增辛酸。特殊的成长环境和经历让阮镜清从小养成了生活俭朴、勤学苦练的习惯。小学毕业后他考进了四年制中学。时值五四运动后，在席卷全国的民主和科学新思想的熏陶下，在多年来老师们爱国主义教育的启迪下，阮镜清逐渐从懵懂少年蜕变为有志青年，从心灵深处鄙弃所谓荣华富贵的"宦海浮沉"，立志献身于祖国的教育事业，一度慷

① 高增德，丁东．（2000）．《世纪学人自述》第 2 卷，北京十月文艺出版社，第 409 页。

慨赋诗"英才卓烁欣施教，宦海浮沉不放舟"以明志。①

　　1927 年阮镜清考入中山大学预科二年级，翌年转入教育系。他在学期间，中山大学进步学者云集，学术思想活跃。阮镜清深受校长许崇清、教务长林砺儒及李石岑、周谷城、郭一岑等教授的影响，初步接受了唯物论和辩证法等新思想、新理论。这些新思想、新理论在阮镜清心中埋下了探索教育科学研究新方向的种子。1932 年，阮镜清从中大毕业并获得学士学位后，来到番禺县立中学任教。同年，他受邀成为广西教育厅主办的刊物《教育论坛》的特约撰稿员，在该刊发表了一部分重要的研究成果②。1933 年 9 月，阮镜清接到广西师范专科学校发出的聘约，邀请他前往该校讲授教育心理学，以期与陈望道、千家驹、李平心等知名进步人士协力办好师专。虽因时局变动等各种原因导致入职落空，但这一邀约无疑是对阮镜清在教育心理学领域早期工作的极大肯定。1934 年，阮镜清考入东京帝国大学研究院当研究生，1937 年学成归国。时值抗日战争，全国骚动。和其他许许多多爱国志士一样，阮镜清在教育救国论的热血激励下，秉着"育英才、报祖国"的初衷，先后在广东勤

---

　　①　何国华. (2014). 广东历代教育家评传，广东人民出版社，第 190 页。

　　②　阮镜清在《教育论坛》发表了 6 篇文章：《心理现象的发生问题》，原载于《教育论坛》第 1 卷 11 期；《德国中等教育的三个先驱者》（译），原载于《教育论坛》第 2 卷 2 期；《美国行为主义的心理学批判》，原载于《教育论坛》第 2 卷 3、4 期合刊；《桑代克的分析说是否能解释一切？》，原载于《教育论坛》第 2 卷 5 期；《观念学习》（译文），原载于《教育论坛》第 2 卷 8 期；《生物学习》，原载于《教育论坛》第 2 卷 9 期。

勤大学教育学院、广东省立教育学院、广东省立文理学院、中山大学师范学院任教，当过讲师、副教授、教授，并担任系主任、院长办公室主任等职。他兢兢业业，教学上对学生循循善诱，诲人不倦；生活上对学生关怀备至，经常资助生活困难的学生；在当时黑暗的日子里，同情并支持学生的爱国民主运动。他以自己渊博的学问、高尚的师德，赢得了学生的敬佩，培养了一批批人才。这个时期，也是阮镜清学术研究成名之时，他进一步用辩证唯物论的观点探索心理学问题，写成大量学术论文。1942年出版《学习心理学》，1944年出版《性格类型学概观》，这两本专著论证严谨、见解精辟，在当时备受推崇，影响很大，一举成为阮镜清的代表作。

新中国成立后，阮镜清在新的广东省文理学院教育系任教授、系主任，并当选为校务委员会委员和学习委员会主任委员。1951年华南师范学院成立后，他历任教育系教授、系主任、校工会主席、副院长，并兼任广东师专校长。在学术界，他担任广东科协主席团委员、广东心理学会理事长、中国心理学会理事、广东教育学会副会长等职。1956年，他加入了中国共产党。1959年，他作为中国访欧文化代表团成员，参观访问瑞士、英国、意大利等国，并作了十几次有关中国教育发展改革方面的报告，为建国初期文化教育的宣传作了积极贡献。在这次访问中，阮镜清曾到伦敦海格特公墓参拜马克思之墓，又专门参观了马克思为写《资本论》而经常坐的座位，一表敬仰之情。1976年文化大革命终结，阮镜清迎来了心理学研究与教育事业新的春天。他先后在华南师范大学教科所与心理学系任教授，作为学术领头人，1984年主持申报并获批了新中国第一个教育心理学博士点，承担起培养教育心理学博士研究生的重任，培养的第一个博士生是中国当代著名心理学家莫雷。1984年，他还远赴北京师范大学主持了新中国第一个发展心理学博士、中国当代著名心理学家林崇德的博士论文答辩。同时，他又重新出任广东心理学会理事长、广东省社科联顾问、广东省教育学会顾问等职。1986年，他应香港大学的邀请，到该校心理学系进行为期一周的学术交流。①

尽管教学与行政工作繁忙，但阮镜清始终坚持学术研究，笔耕不辍。新中国成立后，他继续运用辩证唯物主义观点，对心理学领域的重大问题进行系统的探讨，并致力于建构有中国特色的心理学体系。期间，十年文革导致其《环境与心理》《民族心理学》两部专著手稿和其他讲义、文章以及多年来辛苦搜集的大量珍贵资料荡然无存，令人惋惜。1984年，湖南省社会科学院副院长杨慎之邀请阮镜清回忆历年著述并从中筛选出28篇计30多万字，编成《阮镜清心理学论文选》一书，于1986年6月由湖南教育出版社出版。后许尚侠、莫雷又收集并精选阮镜清另28篇论文，编成《阮镜清心理学论文选（续集）》(1992)。两本论文选集，收录了阮镜清先生的主要研究成果。这些学术成果为我国心理学研究发展作出了卓越贡献，奠定了他作为心理学一代宗师的地位。

1993年12月25日，阮镜清病逝于广州，享年88岁。

---

① 高等教育专题. (1988). 博士生导师阮镜清教授. 华南师范大学学报（社会科学版），(2).

二、阮镜清的主要学术贡献

阮镜清先生毕生从事心理学领域的学术研究与应用实践的具体工作，为心理学在中国的传播以及中国现代心理学的发展做出了重大贡献。下面仅就三个主要领域择要而述，以期对当代心理学工作者有所启迪和借鉴。

（一）倡导用辩证唯物论主义观点指导心理学研究

阮镜清先生是我国心理科学领域较早倡导用辩证唯物主义观点来研究心理问题的科学工作者。早在 1931 年在中山大学读书时，他就已经初步感受到运用辩证唯物主义观点对心理研究的重要性和现实意义："由于历史条件的限制，很少有人主张用辩证唯物主义观点来进行探讨。当时，我觉得，只有用这样的观点去观察人的心理现象和心理活动，才能把握到问题的实质。但那时极少有人明确地、自觉地去做这项工作，我就深感自己责无旁贷，不能不在这方面进行一些尝试。"[①] 1932 年，阮镜清先生发表《心理现象的发生问题》，自觉运用事物变化发展、矛盾统一、质量互变、否定之否定等唯物辩证法规律来说明人的心理的发展问题。阮镜清先生认为，个体心理发展的动力是"主体内部的矛盾运动，事物的发展在于固有矛盾"。此外，他还从量到质的转化、渐变到突变、否定之否定等方面系统说明人的心理现象是如何发生发展的，最终得出"心理的发展完全

[①] 杨慎之选编（1986）. 阮镜清心理学论文选. 长沙：湖南教育出版社. 前言，4.

遵循唯物辩证法的法则进行"的结论①。同一时期的另外两篇代表作《美国行为主义的心理学批判》《桑代克的分析说是否能解释一切学习》，进一步用辩证唯物论的观点，对西方当时最为流行的心理学派别的机械论观点进行分析批判。以上三篇文章，是阮镜清先生首次将辩证唯物主义的世界观与方法论引进心理学研究领域的有益尝试②，具有重大理论意义和现实意义，杨慎之先生称赞阮镜清先生是"创榛破莽，前驱先路"之人③。

　　辩证唯物主义的实践观也是阮镜清先生在心理学研究中贯彻始终的原则。心理学领域中确立和贯彻实践的观点，就必须承认实践是沟通主体和客体的桥梁，是人的心理活动产生和发展的基础。各种心理现象是在实践中形成和发展起来的，实践丰富了人的心理内容，也提高了人的心理活动水平。到了晚年，阮镜清先生运用辩证唯物主义实践观解释个体心理机能的形成发展问题，对实践在人的心理发生发展中的作用取得重大突破性认识："决定人的心理活动的主要基础是社会实践活动，它是起主导作用的。"他在《儿童智力发展的实践基础》（1981）中强调："实践的观点是辩证唯物论的认识论之第一的基本的观点"，在儿童智力发展的条件中"最有决定性意义的还是儿童参加社会实践"。另一篇代表作《人类的社会实践和心理发展》

---

　　① 杨慎之选编（1986）. 阮镜清心理学论文选. 长沙：湖南教育出版社. 12.

　　② 莫雷.（1990）. 心灵的探索者——庆祝阮镜清教授从事教学和科学研究 60 周年. 华南师范大学学报（社会科学版），（3）：114－115.

　　③ 王泽欢.（1992）阮镜清的教育实践和教育心理学思想. 心理学探新，（4）：17－20.

（1981）则从人类认识自然、改造自然、主体客体关系的角度，阐明社会实践对人的心理发生发展的意义。阮镜清先生认为，个体心理发展过程是一个在社会传递下不断由外部活动内化为心理操作的社会建构过程。他的这一重要思想，将对个体心理发展形成的分析研究推进到一个新的高度，引起心理学界的普遍重视①。这些研究成果为我国心理学研究发展作出了卓越贡献。

　　理论联系实际是阮镜清先生在心理学研究中高度重视的另一大原则。他认为，理论联系实际是心理学研究工作的根本方向和指导思想，也是发展心理学最有效的最正确的途径②。心理学研究既然要联系实际，那就要从实际出发，为实际解决问题，为社会主义建设服务。他在青年时代发表的大量论著如《关于儿童睡眠时间》《小学课程的心理学研究》《广西融县苗人的文化》等，都是一边教学一边研究，着眼于解决教育上的实际问题，将理论与实际密切联系。阮镜清先生说，重视心理学实际应用的研究，不仅是学习、生活和工作实践对我们提出的要求，也是有效地、正确地发展心理科学的需要③。同时，在强调理论联系实际重要性的同时，阮镜清先生也提醒心理学工作者，不可忽视基础理论问题和实验室工作，不能粗暴简单地把实验室

---

　　① 莫雷．（1990）．心灵的探索者——庆祝阮镜清教授从事教学和科学研究 60 周年．华南师范大学学报（社会科学版），（3）：114－115.

　　② 杨慎之（编）（1986）．阮镜清心理学论文选．长沙：湖南教育出版社．359－364.

　　③ 李志厚，胡乃欣．（1987）．建设有中国特色的心理学体系——阮镜清教授谈我国心理学的发展．学术研究，（3）：115－116.

工作和基础理论问题研究理解为脱离实际。他说，有的放矢地从事基本理论的研究，是指带着一些重大的实际问题从基本理论中寻找依据，从而在实践中不断地丰富和发展基本理论；实验室的研究工作是不可或缺的。有一些问题，除了要在现场调查实验以外，还必须在实验室进行必要的工作加以验证，有些问题应以实验室工作为主才能得到解决。

（二）开创了教育心理学研究的新局面

阮镜清先生在少年时期即立志献身教育事业，写下"英才卓著欣施教，宦海浮沉不放舟"的诗句来自我勉励，成年后的他履行诺言，把毕生精力都贡献给了学习、研究和实践教育心理学，开创了教育心理学研究的新局面。1927年，阮镜清先生考入中山大学，将教育心理学作为主要研究方向，在积极学习探索之余，还到小学开展有关语言阅读方面的实验研究，其研究成果《默读速率与理解的关系之实验》于1931年刊登在中山大学的刊物《教育研究》第42期上。在读期间，他还参与翻译了两本国外教育著作《人类的学习》（美国桑代克著）和《德国新教育》。1932年大学毕业后，阮镜清先生到广东省番禺县立中学任教，一边为高中生讲授"教育概论"，一边在该校附小进行教育心理学的实验研究。1934年，阮镜清先生赴日本东京帝国大学攻读研究生，主修教育心理学。为了实现把进步思想带回国内、引导青年学生进步的理想，他克服重重困难与阻力，在抗日战争全面爆发之际学成归国。

1937年起，阮镜清先生先后就职于广东勷勤大学教育学院、广东省立教育学院、广东省立文理学院和中山大学师范学院，主要从事教学和行政工作。八年抗战颠沛流离的日子，无论多么艰难困苦，也从未撼动过他"育英才，报国家"的初衷，这一时期他的教学实践成果包括科研论文《关于儿童睡眠时间》（1942）、《小学课程的心理学研究》（1943），实地调查报告《原始画之心理》（1942）以及专著《学习心理学》（1942）和《性格类型学概观》（1944）。《学习心理学》以辩证唯物论的观点为指导，批判地论述美国机械主义学习理论，讨论学习心理的具体问题及其实践。专著出版后，在当时的学术界引起高度重视，对社会产生了巨大影响，解放初期，华北教育部将其列为教育学的第一部参考书，该书也是中国现代心理学研究的主要成就之一①。

新中国成立后，阮镜清先生在新的广东文理学院教育系担任教授、系主任，随后就职于华南师范大学，并兼任广东师专校长。在这期间，阮镜清先生陆续发表《批判实用主义个性论》《批判心理学研究中的资产阶级方向》《青少年自我意识的发展与集体主义教育》等文章，为我国心理学在批判、改造的基础上走上新的发展道路做出了重要贡献②。

20世纪80年代，伴随着改革开放的春风，阮镜清先生再次走上三尺讲台，1981年主持获批心理学专业硕士点，1982年开始指导教育心理学硕士研究生的培养工作，1984年又申报成功

---

① 王泽欢.（1992）. 阮镜清的教育实践和教育心理学思想. 心理学探新，（4）：17—20.

② 莫雷.（1990）. 心灵的探索者——庆祝阮镜清教授从事教学和科学研究60周年. 华南师范大学学报（社会科学版），（3）：114—115.

了新中国第一个教育心理学博士点。这一阶段，阮镜清先生的研究重点是探讨个体高级心理机能的形成，根据心理发展与教育实践的关系，研究如何提高青少年的学习质量和智能开发问题，主编了《教育心理学研究》，发表了《关于儿童智力发展的条件问题》《儿童智力发展的实践》等数十篇论文。他自觉运用辩证唯物主义实践观，对传统的教育心理学理论进行了批判和修正，认为社会客观环境条件为个体的心理发展提供了可能，而主体参加社会实践活动则是将这个可能变为现实的必要条件，个体心理发展形成过程是在社会传递下不断由外部活动内化为心理操作的社会建构过程。阮镜清先生的这一重要思想将个体心理发展形成的研究推进到一个新的高度，在心理学界引起普遍重视[①]。在教育心理学的应用方面，阮镜清先生积极探索教育心理学与社会心理学相结合的问题。1982 年他在《浅谈教育心理学与社会心理学相结合》[②] 一文中指出，"我们除了研究在心理产生过程中人脑及其他有关生理器官活动所起的作用外，还必须研究在一定的社会生活条件下心理是如何受人和事物的影响而形成发展的，即心理的社会方面"，"我们不能光等待客观社会环境的改进，更重要的是结合青年有关的心理特点，在课内课外对他们加强共产主义教育和坚持四项基本原则教育"，"教育心理学不是可以而是应该和社会心理学结合起来"。

---

① 莫雷．（1990）．心灵的探索者——庆祝阮镜清教授从事教学和科学研究 60 周年．华南师范大学学报（社会科学版），（3）：114—115．

② 杨慎之（编）（1986）．阮镜清心理学论文选．长沙：湖南教育出版社．401—405．

阮镜清先生六十多年的教学生涯中，执教过多所大学，科研上开创了教育心理学研究的新局面，教学上培养了大批的优秀学生。"笃志诲人五十春秋如一日，研心析理三千桃李尽良才"，何绍甲教授为庆贺阮镜清先生执教 50 周年题写的这幅对联正是阮镜清先生一生在祖国教育园地上奋力耕耘、培育英才的真实写照①。

（三）对中国特色心理学学科建设进行了深入的思考与系统的实践

关于如何建立具有中国特色的心理学学科体系，阮镜清先生主张"要在马克思主义、毛泽东思想的指导下，从中国实际出发开展研究，注意借鉴西方各国的先进心理学思想及其他有关科学成果和有益经验，同时也注意发掘我国传统心理学思想的丰富资源"②。具体体现在以下几个方面：

第一，明确建立中国特色心理学学科体系的基本指导原则。阮镜清先生认为，必须以马克思主义、毛泽东思想作为基本原则来指导心理学学科建设，坚持运用辩证唯物主义和历史唯物主义的科学方法，反对唯心论，反对形而上学。

第二，坚持心理学研究为社会主义现代化建设服务。阮镜清先生主张，要在马克思主义、毛泽东思想的观点指导下，结合实际开展研究工作，要通过实验、调查、测量、问卷等具体

---

① 杨慎之（编）（1986）. 阮镜清心理学论文选. 长沙：湖南教育出版社. 441.

② 许尚侠，莫雷（编）（1992）. 阮镜清心理学论文选续集. 广州：广东高等教育出版社. 171.

方法，使用各种现代化设备，努力争取占有第一手材料，实现研究的目的。既要重视基础理论研究，也要加强应用研究，反对理论脱离实际，反对无的放矢。

第三，在具体建设方法上，阮镜清先生本着"洋为中用"、"古为今用"的精神，批判地吸收国外心理学和我国古代哲学思想及方法，取其精华、弃其糟粕。阮镜清先生的文章《美国行为主义的心理学批判》（1933）、《批判实用主义的个性论》（1958）、《批判心理学研究中的资产阶级方向》（1959）都是讲如何正确对待西方心理学的。他认为，建国初期我国心理学研究只向苏联学习，对西方其他国家的心理学流派不够重视，一度有人在批判心理学的"生物学化"和"抽象化"倾向时，对人的心理居然只看到人在阶级社会中的阶级性，而没有看到其他的社会性，更没有看到自然性方面。这种极端的偏见大大妨碍了心理学研究的健康发展。所谓"洋为中用"的精神，是指对于外国的心理学，只要是真理，是先进经验，又为我国四化建设所需要的，我们一视同仁，结合实际地把它们引进过来，加以分析、消化，取其精华，进行创新，使其成为自己的东西；所谓"古为今用"精神，是指对于我国原有的心理学以及古代的心理学思想，也组织人力，积极探索、发掘、整理出来作为参考，以利于批判地把合理的因素继承、提高，达到充分地利用①。

第四，加强心理学与其他学科之间的跨学科联系。阮镜清

---

① 许尚侠，莫雷（编）（1992）. 阮镜清心理学论文选续集. 广州：广东高等教育出版社. P168.

先生在 1987 年谈我国心理学的发展时表示，"现在科学之间的联系日益密切，学科之间互相渗透，这就要求心理学工作者不能只在心理学学科中研究心理，还要把心理学与自然科学、社会科学、人文科学，特别是哲学、社会学、生理学、数学、计算机科学、系统论、信息论、控制论等联系起来，吸取其它学科的先进成果，以便更加深入彻底地了解复杂的心理现象"[①]。

三、本书的主要观点

《学习心理学》为阮镜清先生早年学术思想和观点的系统整合，"本书各章大部分作于两年以前，其中多篇曾以论文形式在杂志上发表过。最近因感于教学的需要，乃将旧稿重新修订，并加作数章，使成系统，全部始克完成"。[②] 全书共十二章，前两章属于学习心理学绪论，主要介绍学习心理学的基本问题，包括《心理学是什么》和《心理学在教育上的应用》。阮镜清先生从分析心理学研究对象入手探讨学习心理学的基本问题，指出心理学在教育上的应用集中于教育教学方法或者说是学习问题，具体包括学习的基础、学习的过程和学习的结果三部分。

后十章是《学习心理学》的主体，围绕学习的具体问题，即第二章所述的学习的基础、学习的过程和学习的结果三方面

① 李志厚，胡乃欣．（1987）．建设有中国特色的心理学体系——阮镜清教授谈我国心理学的发展．学术研究，（3）：115－116.

② 阮镜清：《学习心理学》，桂林文化供应社，1949 年版本，初版序言。

的问题展开详细讨论，具体包括《人类的基本行为及其发展》《行为发展的类型》《学习的基本要素》《学习的方式》《学习的定律》《学习的进步》《学习的主观条件》《学习的客观条件》《学习的迁移》和《学习结果的测量》（详见图1）。以下将从学习心理学绪论（前2章）、学习的基础（第3—5章）、学习的过程（第6—10章）、学习的结果（第11—12章）四个部分陈述本书的主要观点。

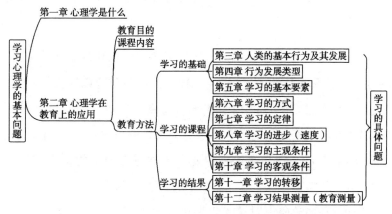

图1 《学习心理学》思维导图

（一）学习心理学绪论

第一章《心理学是什么》主要探讨了心理学的研究对象问题。首先，阮镜清先生从词源学出发，沿着心理学的发展脉络，简述心理学研究对象由灵魂、心，到意识、行为的演变，并在此基础上主张心理学以广义的行为为研究对象，将行为主义者倡导的客观行为与意识派的主观意识都囊括在内。阮镜清先生进一步指出行为是一种生理的事实，无论是表现于外的行为或潜动于内的行为，都不能脱离物质的基础。并且心理学研究行为不局限于人类，而是包括一切有机体。即除人类之外，动物甚至植物也包括在内。只不过关于植物行为的研究极少，而动物行为的研究出发点主要是为了探明人类行为。

随后，阮镜清先生又分析了行为引起的过程，进一步探讨心理学研究对象的实质。阮镜清先生认为，行为是在刺激与反应之间的因果关系上引起的，用公式表示为 S——R。刺激引起反应决定行为，是由许多刺激都同时在发生作用的。也即行为的决定因素不是单独的一种刺激，而是各种刺激一时所组成的情境。除了这种情境外，一个人本身的身体构造和过去的生活史也会影响行为。用格式塔学派勒温（Lewin）的行为公式表示为 B=F(PE)，即行为（B）是个人（P）与环境（E）相互关系的函数（F）。并且环境是一定个人的环境，个人是一定环境中的个人，行为是环境与个人相互作用而统一的产物。总之，个人的行为，指的是在一定的外界环境一定的内部状态及一定的过去生活中的某种个人的行为，即整个的个人的行为。心理学就是研究像这种有关整个的个人行为的科学。

第二章《心理学在教育上的应用》，阮镜清先生认为要理解心理学在教育教学上的应用，首先要明确教育的任务。从心理学观点看，教育的任务是帮助人类变更其行为以适应社会，即帮助人类在知识上技能上及理想态度上造成一种变化，以适合社会的需要。这至少涉及教育目的、课程内容和教育方法三方面的问题。因此，心理学在教育教学方面的应用，也主要体现在这三个方面。规定教育目的方面，以社会学为重要的根据，因为教育期望达到的行为是合乎社会需要的，所以有什么样的社会就有什么社会的教育目的。与此同时，在总目的之下规定各级教育目标细节时，无论如何都必须考虑儿童固有的种种特性与身心发展的情形，由此，心理学在规定教育目的方面必不可少。关于课程内容的选择同样一方面根据社会学，一方面根据心理学。即教材既要适应社会的需要，也要适应个人的需要（兴趣能力等）。否则，要么不能培养社会所需要的人才，要么难以使行为易于变化、造就。当然，心理学在教育上的应用，主要还是体现在教学方法或技术方面。这一点主要集中于学习问题上，因为教育活动是客观的，以儿童为主体，教师是指导和帮助学生学习的引路人，所以关键在于用怎样有效的方法去指导和帮助学生的学习。以学习问题为中心的研究包括三个部分：学习的基础、学习的过程和学习的结果。

学习的基础，即广义的学习能力问题。首先论及的是儿童与学习有关的种种行为及其发展的一般情形，即说明儿童的能力发展到什么程度才可教他们怎样学习或学习什么。在一般情形的研究中亦不能忽略儿童的个别差异。只有综合考虑儿童发展的一般趋势和特殊表现，才能真正了解实际情形。而这两种研究构成了以个体发展为中心的儿童心理学的大部分。研究学习过程的中心目的在于求得经济的学习方法。要使学习经济，首先要明白学习的过程本身，如学习的速率、进步及保持如何，各种习惯之养成以何法为最善等。进而了解学习的法则。其次则深究经济学习的各种条件等等。这些问题，都是心理学特别是学习心理学所注意的。当然，除了上述一般学习过程外，还有特殊的过程如阅读中的眼动规律。关于学习结果的研究则包括两方面：学习的迁移和学习结果的测量即教育测量。

（二）学习的基础

第三章《人类的基本行为及其发展》，阮镜清先生指出，从来一切心理学者都相信，新获得的行为以过去的活动为基础，每一种后天的习惯都是由若干早已存在的形式发展而成。如果追根溯源探究学习过程以什么活动为根据而开始的，必然可发现作为一切学得的行为的基础，即基本活动或行为。由此可推知，学习的起点在于人类的基本活动或行为。而关于人类基本活动的考察，在现代心理学上可分为三个时期。第一个时期的研究从儿童及成人出发，发现了许多本能动作。第二个时期从初生婴儿出发，发现许多反射活动、情绪的反应和集团反应。第三个时期从未出生前的胎儿出发，更明显地发现许多集团反应活动或集团运动。

阮镜清先生接下来详细介绍了这三个时期关于人类基本活动的具体研究与结论，又相继对其加以批判分析，最后总结道：人类获得的新行为或习惯，根本上而言，不是基于本能，也不是建立在许多孤立的无关系的反射动作上，而是根据一些散漫的全体的集团运动。这样的集团运动是人类最基本的行为，以此为出发点而开始的发展，就是一些散漫的全体形式的适应性的精化，或者以各种独立的特殊的分化形式出现。由此可知，行为发展的原则有：第一，行为的原始的整体性；第二行为发展的连续性。这两个原则无论在研究儿童生前发展或生后发展上都很有价值，所以现代心理学已把儿童视为一个产前产后在他本身的构造上的特质与环绕着他的四周环境的交互作用之下发展着的完整的及继续生长的有机体了。

第四章《行为发展的类型》，阮镜清先生指出，成熟和学习是两种基本的行为发展类型。阮镜清先生在阐释二者的区别及联系的过程中，点明了学习的本质。即学习从广义而言，是有机体的构造上和活动上因练习而产生的一切变化。因练习而有的发展，皆可称为学习。成熟是因构造的长成而自然达到一定的阶段，不依赖练习。布里德（Breed）和谢帕德（Shepard）的小鸡啄米实验、格塞尔（Gesell）双生子爬梯实验很好地证明了成熟与学习的联系——成熟和学习互相联系、互相作用。学习要以成熟作为基础，成熟的发展可规定学习的发展；学习对成熟有反作用，可使成熟更快速、更完满地发展。因此，阮镜清先生强调，我们教儿童学习，应在他成熟到相当程度时才可开始。当然，无论成熟的发展还是学习的发展，都与遗传和环境两因素相关联，都应同受遗传与环境二者的统一支配。总之，成熟与学习像其他行为一样，从发生机能看，有遗传的根据；从具体内容的实现方面看，则与环境大有关系。因此在教育上，当儿童成熟到相当时期而要使他学习什么，便可在遗传的可能范围内，布置一个相当的环境。

第五章《学习的基本要素》，阮镜清先生指出成熟既是发展的类型之一，也可看作是学习的基本要素。除了成熟之外，学习的基本要素更包括智力和记忆。智力可代表一个人的学习能力，缺乏时，学习无法进行；记忆与学习结果保持有关，没有记忆，虽学习而没有效果。

阮镜清先生分析了智力高低不同表现的相关研究及依据，主张指导儿童学习时，应先考察清楚他们的智力情况，先用智力测验获悉他们的智力等级，明了其智力发展情形，然后再用相当的方法加以指导。又论述了智力随年龄发展的趋势及其达到最高极限的相关研究，分析了影响智力发展的因素，总结道：智力的成熟时期有很大的个性上的差异，很难得到一致结论。进一步追究智力成熟与身体成熟的关系，亦难有确定答复。不过，人的智力到了某一年龄期，虽已达到最高度限度后没有再发展的可能，但却因能善用已发展了的能力，所以还可以继续学习并有所进步。而影响智力发展的因素一为先天遗传之健全与否，二为环境，包括个体出生的产前环境、出生情形，家庭、学校及社会环境。

　　关于记忆，阮镜清先生首先从识记、保持、回忆、再认四个方面解说记忆的内涵，又分析了记忆的分类、记忆广度问题，重点阐释了理解性记忆和机械记忆的关系及其对学习的作用。阮镜清先生认为，一切良好的记忆，皆依赖于材料之有意义地组织或有节奏地构成。在活动的观察过程中理解材料各部分的关系，即为理解性记忆。日常经验中，识记有意义的材料时固然是将它作为一个整体来看，对无意义材料也可利用种种有意义的联合加以识记。这里的联合，是有机的联合，不是机械的联合。而早期艾宾浩斯等人用无意义的音节为材料以便连结，却是机械的联合，在记忆上便是所谓的机械的记忆。由于"联合"这一概念在心理学上袭用较广、作用重大，因此，阮镜清先生又不厌其烦地对"联合"进行阐述，指出在格式塔学派之前，有关"联合"的主张和论述都陷入了机械联合的境地。直到格式塔学派的出现，才真正地给以正确的批判。照格式塔学派看来，一切心理现象，皆有一个完整的构造或模式，即所谓格式。联合这一问题并不是用以说明各种观念、各种能力或任何其它事物之如何联想的，因为它们除了可被视为一个整体或格式的各部分之外是永远不存在的。在记忆上所谓机械地把各种孤立部分联合起来这一回事，在他们看来根本是没有意义的。

在记忆和学习问题的讨论中，还须注意到记忆与年龄、性别的关系，以及记忆遗忘和恢复现象。

（三）学习的过程

第六章《学习的方式》，阮镜清先生论述了格式塔学派的顿悟说、桑代克的联结试误说和行为主义的条件反射说（经典条件反射）并对后二者展开分析批评。

格式塔学派苛勒根据猩猩取水果、摘香蕉等系列实验得到结论：动物想要解决所处情境中的困难时，是利用其理解探究关键之所在，从顿然领悟中去解决。这种学习方式，即顿悟式学习。顿悟式学习有三个特点：有组织的反应全体、识别和目的指引。这三个特点在每一种动物中，如果情境不超出其生成的普通能力（内部情境）的范围之外，都已证明是存在的。且在人类中表现更为明显。尽管人类的学习充分表示着顿悟的存在，但并非每个人的顿悟都一样。学习的效率在于能否于情境中敏捷地看出其与特定目的有关的细节。

桑代克从饿猫迷笼实验等众多小动物学习实验的结论中，提出联结试误说。其中心观点为：学习是刺激或情境与反应的联结过程，是试行错误的过程，无需个体思想、意识等的参与。阮镜清先生站在格式塔学派立场，对桑代克的试误式学习进行了批判。首先，桑代克实验中发现的试误行为，用顿悟说也可解释得通。由于行为是由外界的情境及有机体内部的情境交互作用而决定的，因此，在同一外界情境中，个体如觉得简单容易，则顿悟的行为较为显著，反之，则试误的行为较为显著。一切艰难学习的过程所共有的趋势是：由试误的量的渐变，终至顿悟的质的突变。由于桑代克的实验中，猫所处的情境已超过了它生存的普通能力之外，因此它不免要盲目地摸索一番，表现出较为显著的试误行为，这是由试误的量的渐变到顿悟的质的突变趋势中的前面部分。其次，根据格式塔派的观点，桑代克所谓的试误过程中的反应是有目的性的，试行错误当改为试行成功，这种试行成功的学习与顿悟式学习本质相同。若深究学习的本质，没有试误，只有顿悟而已。最后，根据格式塔学派的解释，学习是需要思想的。而桑代克认为学习是盲目的，只在试行与错误的摸索中偶然得到成功，不需要理解、推理、思想、观念。阮镜清先生进一步指出桑代克之所以有这种试误解释，从根本上说是因为他已陷入机械论的陷阱。只知学习的过程是联结一定的刺激与反应，而不知行为是整个有机体的事，不知有机体本身的意义。

阮镜清先生认为行为主义者所主张的条件反射式学习，也是机械论的。这可根据条件反射加以说明。所谓条件反射，指人为的替代刺激所引起的反应而言，如某一种刺激原可以引起一种反应，若换了别一种刺激，便不能引起那种反应。但这两种刺激若先后或同时出现多次，则原来无效的刺激也可以代替原来有效的刺激而引起同样的反应。从刺激与反应的"联合"来看，学习成为联结一定人为的刺激与反应的一对一的过程，这完全是机械的。从刺激方面来看，条件反射过程中天然的刺激与人为的刺激之间的联合也是机械的。而照格式塔学派看来，上述联合过程未尝不能以情境中各部分的关系及学习者本身来加以说明。使情境中各分子发生关系而成为一全体，又使人能顿悟地发现这种关系，在所谓的条件过程中极其重要。

上述三种学习方式中，试行错误和条件反射的学习都忽视了学习者本身的重要性。它们虽然可以解释一部分事实，但若不加以科学的修正，则难免有失偏颇。归根到底，学习过程中，学习者本身的意义不容忽视，教学的原则第一必须以此为根据。在学生学习时，首先须看清楚他的能力、程度、经验等种种情形，才可适当地决定其学习的具体内容或学习的情境。其次需指导学生能有效地发现全体情境中各部分的关系，识别其中与其目的有关的细节，并以这种发现和识别达成目的。

第七章《学习的定律》，阮镜清先生首先阐述了桑代克以试误式学习为出发点提出的三条学习定律：练习律、效果律、预备律及其五条副律——多重反应律、反应取决于心向态度或气质、部分活动律、类化或类比律、联结变换律，随后着重对三条学习定律及其补充观点展开批判。

首先看练习律。在事实层面上，学习有效并不是单纯的学习者练习其正确的动作及防止其错误的练习就可达到目的。单有反复练习，学习未必有效；有时错误的练习也未必无益。在桑代克饿猫迷笼实验中，也发现某些反应次数虽多效果反而消灭；其他某种反应次数虽较少，却被保留。这显然有违练习律。此外，练习结束时的反应并非开始时的反应，动物虽再做大致相同的行为，但未必复演绝对一样的动作。用情境与反应间机械的关系解释此现象并不妥当。格式派用顿悟原理解释动物学习，足以纠正桑代克机械解释的偏颇。且练习律在生理上的假设亦欠缺事实充分的根据。

再看效果律和预备律。用满意或烦恼来解释有机体的反应，未必尽合乎事实。如摩斯（Moss）的白鼠实验中，白鼠要取得食物或性的满足，虽遭受强烈电击也勇往直前。又在人类生活中，往往有赴汤蹈火以达目标的行为。效果律无法解释此类现象。按照格式派的观点，动物对于反应或刺激之所以有选择，与找寻目的有关，只有目的或顿悟原理才是解释此类行为的关键。再如曼济斯（Menzies）关于愉快、不愉快、平淡三种经验的实验，从另一个角度验证了效果律的不足。效果律有破绽，作为效果律补充的预备律自然也成问题。

从综合方面看，桑代克提出三条学习律的前提条件是"其他条件相等"，但在现实中这一点很难实现，基于此的学习律的应用价值有待考量。

针对桑代克学习律的许多缺点，各派心理学者甚至桑代克本人都对其加以反对或修正。桑代克在《人类的学习》一书中提出系属原则作为练习律的补救。所谓系属原则，即情境与反应间的联结或情境中各分子的结合，不能单靠练习（相继发生）的次数而决定，必须看此二者彼此间在性质上是否相系属。二者相系属则较易发生联结，否则虽有多次练习仍没有效果。系属原则的提出建立在众多实验发现上。它虽然放弃了绝对的机械论，但仍然把两种刺激当做孤立的事物，忽视了全体性的情境，这与早先的练习律并无本质区别。因此格式塔学派对桑代克的学习律加以深切的批判。他们认为像桑代克这样把学习看成是联结情境与反应的过程在事实上并不存在。学习必须在活动的观察过程中进行，即在顿悟的过程中进行。但他们并不完全否认练习的功能。

总之，桑代克的学习律在根本上是机械的，所以应科学批评分析后才可加以应用。

第八章《学习的进步》，阮镜清先生通过分析学习曲线来探讨学习的进步，包括学习曲线的定义、表现形式、学习过程中的高原现象和生理限度现象等。

何谓学习曲线？由于知识或技能的难易程度不一致、学习者本身能力的差异等，学习过程中的进度有快有慢、参差不齐。用一条曲线表示这种不同进度的方法，就是学习曲线。

学习曲线有多种表现形式。技能学习方面，较为普通的学习曲线有四种形式：一、直线式，表示进步常保持一定的速率，整个学习过程中进步的快慢先后一致。二、凸线式，表示进步情形先快后慢。三、凹线式，表示进步情形先慢后快。四、凸凹线相间连合式，表示进步快慢相间，整个过程成一种波动式。四种形式中，第一种和第三种较少见；第二和第四种最为普通，无论在哪种技能学习上都可发现。知识学习方面，桑代克等倾向于上述第三种凹线式，但至成书之际尚未发现十分可靠的实验证据。

虽然学习曲线形式很难一致，但从其内容来看，可发现一些共同现象，如高原现象和生理限度现象。高原现象指学习进步到某个阶段，速率忽然变慢或完全停止不进。表现在学习曲线上，曲线保持暂时的水平状态，既不升高也不降低。而过了高原时期，学习必又发生迅速变化，曲线突然上升并恢复常态的进步。高原现象最早由布来恩和哈特尔二人发现，他们对高原现象的原因解释为多数学者所赞同。阮镜清先生就此总结：凡是使学习不能进步的因素，似乎都是产生高原现象的原因。但格式塔派学者认为，高原现象的发生，是因为学习者不能以必需的心理过程和肌肉活动组成一个完满的形式。

生理限度现象。指个人的学习能力受生理的可能性限制。学习到了某一阶段，因受生理的限制，虽再加练习也难有进步时，即达到了生理的限度。这在技能学习方面尤其普遍。生理限度与高原现象不同，前者不可逾越，后者可逾越。达到生理限度后，学习曲线就永远成水平线的状态了。生理限度因活动之繁简、个人而异。在教学时，教师不可不关注这点。

阮镜清先生指出，第三种学习曲线虽不普遍，但就其整个趋势而言，意义较为重要。以时间来表示进步速度时，在这种学习曲线上可发现突然降落的现象，这种现象与第六章所讨论的学习由试误式量变到顿悟式突变的过程遥相呼应。大体而言，一切学习曲线，虽都有向上高升的趋势，但期间短期之或升或降，形成高低不平的波浪式或锯齿状，却为最普遍的现象，这表明学习不是绝对地一直进步，在进步之后，常有小小的退步。

第九章《学习的主观条件》，阮镜清先生详细介绍了动机、注意、身体的健全和疲劳这些主观因素对学习的影响，并提出相应的教学建议以促进学生学习效果。例如，要引起学生学习动机，让他们自动学习，以达最佳学习效果，首先要使他们有一个学习目的，或者知道目的所在。其次，要使学习者产生浓厚的兴趣，有了学习兴趣，学生便能自动努力，无需外来的驱策了。而兴趣的获得或培养，一要注意学习材料是否与学习者的能力相当。二应尽可能在生活情境中进行教学，让学习者明白工作或学习材料的意义或明白其与自己生活有关系。最后，发挥外诱对动机的作用。要引起学生学习或使其学习得到最高效率，适宜的外诱必不可少，包括物质的、非物质的、奖励、惩罚等。

第十章《学习的客观条件》，阮镜清先生详细分析了影响学习的方法策略与外部环境因素。前者如全体学习与部分学习、分散学习与集中学习、尝试背诵与纯粹习读、温习、速度、匆学、一天中的学习时间等；后者如设备、指导、空气、光线与颜色、噪音等。有效的学习既要讲究方法策略，又当尽可能在舒适合宜的环境中进行。

（四）学习的结果

学习结果部分包括第十一章《学习的转移》和第十二章《学习结果的测量》。

学习转移，指这一方面的学习对于另一方面的学习的影响而言。学习的转移是否可能？何以可能？

历史上，心智能力说和心智反应说对第一个问题提供了解释。

心智能力说认为，心由若干能力如注意、观察、记忆、判断、意志、气质、性格等组成。这些能力各自独立活动而不相统一，彼此参差不齐，但在应付一切环境时却是一致的。教育的任务在于分别训练一个人使其具备这些能力，且训练这些能力比教以直接有实用价值的特殊科目更为重要，因此教学上重形式而不重内容。某种能力一经训练后，无论应用到何种情境都普遍有效。如在启蒙时代以前的欧洲，一般学校的课程，拉丁文被认为是最有价值最有地位的学科。

与心智能力说相对的是心智反应说。该学说虽然也主张人类有记忆、推理、判断、意志、性格等各种能力，但这些能力不是各自分离孤立的，而是对于生活情境的适应过程的各方面。有机体的适应过程是整个的，而这些方面虽可以分化地表现出来，但不能实际地分开成各不相关的部分。在某一情境中所得到的训练，除了能增长对于这特殊情境的适应能力外，不能增进一般的能力如记忆力、推理力、判断力等以适应一切情境。

心智能力说和心智反应说都认为学习有转移的可能，但前者以为这种转移是一般的、无限制的，而后者则以为是特殊的、有限制的。自从詹姆斯（James）最早开始用实验方法研究记忆的学习转移后，关于学习转移的研究数不胜数，如史雷特（Sleight）的记忆实验、黑温斯（Hewins）的观察转移实验以及桑代克关于推理能力转移的实验等等。将各种实验归纳总结，可得如下结论：首先，学习确有转移的可能。但转移的分量可因种种条件而不同。学习材料之间的密切程度、学习方法、学习者智力高低等都和转移分量有关。其次，所转移者并非如形式训练说所言的一般心智能力，而是反应的方法、技术、动作、态度或为所学习的事实。总之，在教育应用上，课程和活动应以实际生活需要为出发点，使学生获得直接学习的效果。对于从转移而来的间接效果，不可期望过高。

学习的转移何以可能？对此，不同学者提出了不同的理论解释。

首先是桑代克的共同分子说。他以为，两种活动若有相同的分子为其成分，则一种活动的变化，可使另一种活动也发生变化。所谓共同分子，至少包括三种：共同的内容、共同的方法、共同的态度。如在生理上寻找基础，则这些共同分子又是指有相同的脑细胞活动为其物理的相当物之心理过程。所谓变化包括相似的变化和相反的变化两种。

阮镜清先生指出，共同分子说与桑代克的学习学说完全一致。其所谓的转移，只是在一个新情境中把以前学习过的行为再作一次而已。据共同分子说，两种活动中若含有共同分子，则无论其共同性能否为学习者所察觉，亦必有转移作用发生。即有共同分子时必有转移作用。这种主张显然忽视了学习者本身的重要性。且用相同的脑细胞活动来解释共同分子，与实验情况不符。

共同分子说陷于机械论错误，不能完满解释转移的原因。格式塔派提出功用类似说以代之。功用类似说主张，转移作用是由于整个功能之相似，即对整个情境的关系能发生顿悟作用所致，而非共同分子所致。根据苛勒的母鸡啄食实验和猩猩取物实验可推知，学习之所以能转移，是因为学习者本身有顿悟作用，发现了全体情境中的关系。顿悟是获得转移的真正方法。

阮镜清先生认为将桑代克的三种共同分子改作格式塔学派的类似功用更为妥当。同时，学习者对于情境的顿悟在转移上有特殊的重要性，因此学校中的科目应该适应学生的智力程度，且能引发学生的兴趣。

解释学习转移原因的，还有所谓经验类化说。贾德（Judd）主张的经验类化说认为，学习材料之供给，如能使学生获得普遍应用的，则有转移的可能。他的水下射靶实验中，当情境改变后，明白折光原理的被试能利用之前水下射靶的经验，普遍适应新情境，进步极快，而不明白者则错误仍多。实验结果表明，经验的类化，是转移作用的必要因素。经验可普遍地类化，也可局部地特殊化，经验转移的可能性，要视其能否类化而定。但这一结论并不能推翻功用类似说，因为原理只是把两种不相类似的功用变为类似罢了。

阮镜清先生特别指出，贾德的经验类化说使我们发现原理像学习者的智力和理想一样，在学习转移上居于同等重要地位，这不失为有价值的贡献。在此意义下，教育的主要任务就是训练思考技术、科学方法，帮助学生从各种特殊的、偶然的经验中概括出普遍的基本原理，以便类化。因此，教授和学习的方法就成了最重要的因子，而科目反居于次要地位了。经验类化说如果确实有相当的理论上、事实上的根据，则无论何种科目，都可作为训练的园地，社会科学与自然科学皆不可少。

学习结果的测量，也即教育测量。阮镜清先生在第十二章中指出，学习结果的考查在过去多使用一种主观的方法，如命题、评定成绩，没有一定的科学标准，带有主观片面成分，且不能考查全部的学习，所以结果不可靠，或者不能反映真正的学习效果。因此，要获得可靠的结果，则有赖于客观的、普遍的考查。这种客观的、普遍的考察，即为测量方法。教育测量就是用一种客观的方法，普遍地考查学习结果或学业成绩。要进行客观测量，须具备两个必不可少的条件：一为应用标准测验。二为应用量表。标准测验所要测量的对象约可有五种：难度（Difficulty）、范围（Range）、速度（Speed）、准确度（Accuracy）和品质（Quality）。标准量表通行的有三种：年龄量表、年级量表和变率量表，后者如麦柯尔的 T 量表。

标准测验的最基本条件至少有两种：一为正确性。各种测验所欲测的对象不同，但要能确实地把所欲测的对象测量出来。二为可靠性。一切情形相等时，用一种测量方法和题目先后两次测量一个学生或一班学生，若两次所得结果相等，该测验便可靠。基于此，文中详细说明了编造标准测验之际，选择材料的几条标准和编制问题的四条重要原则，并强调测验编成后，须经过一两次的试用与严密修正后才算完成。

标准测验有许多优点，但应用上也受不少限制。而新式考试法（即现今的非标准测验）既避免了普通考试的大部分缺点，又和标准测验一样可以对学生的学习结果获得正确的、可靠的客观考察，并且编写较为简单，便于随时应用。这种考试所用的题式众多，如问答式、填字式、正误式、是否式、异同式、汇选式、最好答案式、配合式、比喻式、排列式、分类式等等。

当然，新式考试法并非没有缺点，如命题不当时，不但有损考试效果，且容易使学生忽略了系统的知识。这是应用新式考试者所当知的。

四、本书的版本演变和主要特点

《学习心理学》最初于年列入"大学丛书"由桂林文化供应社出版，1947 年和 1949 年在香港出版和再版，1950 年新一版。1986 年 6 月湖南教育出版社出版了《阮镜清心理学论文选》，全文收录《学习心理学》。此外，该书简介收入刘凌、吴士余主编《中国学术名著大词典·近现代卷》（汉语大词典出版社，2001）。

《学习心理学》在二十世纪四十年代是一本内容新颖、观点进步的优秀著作，它是阮镜清先生于抗日战争中流亡期间写的。因为强调了辩证唯物主义的观点，不符合国民党政府的，在当时曾被列为禁书。直至新中国成立后，这本珍贵的、影响力颇大的著作得以重见天日，被教育部列为第一本心理学教学参考书，价值得到充分发挥。书中许多见解及教学建议，对于今天的心理学研究者和教育工作者仍有借鉴意义和参考价值。

细读《学习心理学》，可以看出该书有两个明显的特点：

第一，内容详尽，语言简明。《学习心理学》是教育心理学领域的一部重要著作，其主体内容涉及学习本质、学习理论、一般学习过程、影响学习的因素、学习策略、学习迁移等学习心理的多个方面。全文既介绍了学习心理各个问题的理论研究成果，又提出相应的教学策略和建议。比如在第九、十章介绍多种影响学习的主客观因素之动机时，阮镜清先生先说明有关动机的一般研究情况和结论，再提出相应的教学建议。这种研究成果与教学建议相结合的阐述贯穿全书始末，兼具理论和实践价值。《学习心理学》的语言为略带文言色彩的白话文，清雅明快，简洁流畅。

第二，辩证分析，有理有据。阮镜清先生自觉运用辩证唯物主义的观点分析学习心理和学习问题。比如关于本书理论上稍偏于格式塔学说的问题，阮镜清先生认为：从格式学说的立场来谈"学习"，虽比桑代克派前进了一步，但格式学说本身须待扬弃和补充。又如运用联系的发展的观点剖析联合反射说及条件反射说：它们的出发点为一些孤立的反射，只看到行为的横的方面，没有看到纵的方面；且从行为本身机械地进行分析，没有从行为的全体性上注意其发展的整个过程。再如对桑代克学习定律的批判，既指出其理论渊源及存在的合理性，又列举实验及实例经验论证其机械性的缺点。

五、本书的校定和编辑过程

我们以 1949 年桂林文化供应社《学习心理学》为底本，特别参照了收录在《阮镜清心理学论文选》（1986）中的版本及其他几个版本，对该书进行了校定和编辑工作。在编辑过程中，我们尊重了原著的内容和结构，以存原貌；并进行了一些必要的技术处理，包括竖排改为横排、繁体字改为简化字、尾注改为脚注、规范人名和术语的翻译、规范标点符号和数字用法、校勘错漏之处等，以方便现在的读者阅读。

本书的编辑和出版要特别感谢我的导师莫雷教授。莫雷教授是阮镜清先生培养的第一个博士生，也是新中国培养的第一个教育心理学博士。我 2001 年跟随莫雷教授攻读硕士学位，是华南师范大学心理学科接收的第一个推荐免试研究生，2003 年有幸硕博连读，2006 年博士毕业就留在华南师范大学工作。莫雷教授继承和发扬了阮镜清先生的学习心理学的思想，进一步提出了文本阅读双加工理论和学习双机制理论，出版的两本专著于 2009 年和 2015 年两次获得"中国高校科学研究优秀成果奖（人文社会科学）"一等奖。我在参与这两本专著的撰写过程中对阮镜清先生的学习心理学思想也有了较为深刻的理解，这也为本书的编辑和出版奠定了基础。本书前言部分关于阮镜清先生学术生平和主要学术贡献的介绍得到了莫雷教授的很多具体指导，没有莫雷教授的具体指导，很难有现在这样的全面介绍。

本书的编辑和出版还要感谢我的学生张艳、王韵涵、潘可淇等人认真参与原稿的文字录入和校对工作。另外要感谢福建教育出版社沈群先生负责的责编团队为本书的出版付出的辛勤努力。本书虽然经我反复阅读和修改，但由于水平所限，书中可能还会存在疏漏偏差之处，恳请广大读者批评指正。

王瑞明

2022 年 10 月 27 日

于华南师范大学

目　录

序　言

　　本书各章大部分作于两年以前，其中多篇曾以论文形式在杂志上发表过。最近因感于教学的需要，乃将旧稿重新修订，并加作数章，使成系统，全部始克完成。然因写作时间相距太远，前后文之联络或未能达于十分完善的程度亦未可知。

　　本书材料，大都集自他人的著作。然在此流亡期间，手边可得参考的书籍固极有限，而时间与心情也不许可；故虽幸有所获，亦不过是一束粗枝大叶而已。挂一漏万，有待于将来之填补。

　　在理论上本书稍偏于格式塔①心理学说，然此并非即完全代表作者对于心理学之理想。从格式塔学说的立场来谈"学习"，虽比桑代克学派前进了一步；但格式塔学说本身须待我们分别加以去留并具体补充之处仍不少。在前途远大的心理学发展上，它亦不外为过渡期间之一产物而已。

---

　　①　原文为"格式"，今译"格式塔"。全书中所有以"格式"来描述格式塔学派的文字，一律改为"格式塔"。——特编注

全稿写成后，曾请陈子明先生代为校阅过一遍，承伊指正多处，特表谢忱。又在此一切皆不安定的情况下，凡对于本书出版有直接间接帮助的许多位先生，亦一同致谢。

一九四二年七月于曲江

第一章　心理学是什么

　　心理学虽"仅有一个短期的历史"，但已"有一个长期的过去"。因为人类对于他的动作和他的思想是有种种解释的，而这种种的解释又是从古代一直发展到如今的，所以我们如要明白心理学今日所研究的对象为何物，还应该先从历史上去追溯它的本源及其发展途径。

　　心理学的原名，在英文为 Psychology，法文、德文为 Psychologie，皆是从两个古希腊字 Psyche 和 Logos 蜕化而来的。希腊字 Psyche 的意义是呼吸或气息，Logos 是词或谈话。因此心理学的原意，本为关于气息的谈话。后来由气息引申为灵魂（Soul），由谈话引申为学说，遂变为灵魂之学说。所以心理学最初的研究对象是灵魂，这是由古希腊时代那些唯心的哲学家如苏格拉底、柏拉图、亚里士多德等所倡导的。虽然他们对于灵魂的解释稍有不同，但皆以为它能指导身体，身体的一切活动皆是受它所支配所主使的。我们要深究这灵魂观念的来源，当然要追溯至原始人类的思想（原始人以为气息也是灵魂之一种），而身心之所以有如此关系，恐怕就是奴隶社会中主仆关系的反映吧。但灵魂这种东西到底太神秘太虚渺了，所以稍后就有人拿心（Mind）来代替它。在这个阶段，心好像是一种微妙的东西，但既然心代替了灵魂，则人类的活动便一变而为心所支配了。所以心虽较灵魂似略有进步，但其抽象、神秘的程度，仍与灵魂无异，因此被科学的心理学家所摒弃。科学的心理学家摈斥灵魂及心于自己的范围之外后，便以意识（Consciousness）为对象了，认为一切心理活动都是意识的表现。所谓意识即是主观的自觉的经验，如目有所视，耳有所闻，脑有所思。这些视听思想都是视听思想者本身才能自觉得到的。不过像这样意识的经验虽为不可抹杀的事实，但到底仍是主观的东西，所以后来又有些客观化的心理学家起来把它推翻了，而主张心理学的范围只限于客观地表现出来而为人所可察见的行为（Behavior），如起居饮食、唱歌读书等具体的活动，这些心理学家自命为行为主义者（Behaviorist）。

心理学研究的对象，由最抽象最神秘最主观的灵魂，走到最具体最实在最客观的行为，真可谓大有进步了。不过如果只照行为主义者所主张的，单以狭义的行为为研究范围，则未免顾此失彼，遗弃了一部分宝贵的材料。其实，人类的行为有一种与其他物质现象不同的特性，即它不但为他人可以观察得到，而且发动此行为的本人亦能自己觉察而知。因此行为便有两方面：主要的部分固是指其表现于外而为他人可以观察得到的一面（客观性的），但也可包括其潜动于内而为活动者本身能觉察能自省的一面（主观性的）。所以，就现在趋势而言，行为主义者的客观的行为及意识派的主观的意识经验，都应该同在心理学研究之列，都应该同称为行为，这时我们之所谓行为，便是广义的行为了。

不过，在此我们要注意的，就是无论是表现于外的行为或潜动于内的行为，都不能脱离了物质的基础。即行为是一种生理的事实。有生理然后才有行为，如有手然后才有写字的行为；有什么生理的构造，然后才有什么行为的形态，如有人类的复杂的神经系统，然后才有人类复杂的思想；生理发展到什么程度，行为才发展到什么程度，如性腺成熟后，性的行为才能表现出来。同时行为虽可分成外的内的两方面，但事实上它们常是相互关联或合在一起而表现的，并非孤立的活动。例如走路，一方面固然是脚的运动，人所共见的，但另一方面这脚的运动与走路的经验、走路的知觉感情等皆有直接的关联，不过在这一场合，脚这一部分运动较为着重较为显著而已。所以，人类的行为是整个的，是客观性与主观性的活动之统一的表现。把它分成为各方面或各部分，只是因其中心有时为此一方面，有时为彼一方面，为便于研究或叙述，遂以其中心方面命名而已。

其次我们还要知道的，心理学所研究的行为，不但是人类的行为，一切有机体都包括在内。即除了人类之外，动物甚至植物的行为，也在研究之列（本来植物和动物分析到细微时是不容易辨别的）。虽然，事实上心理学是以人类为主体的，植物方面固很少有人注意，而动物方面虽有许多研究，最后的目的也不过是在增进我们对于人类行为之了解而已。同时，动物与人类虽有某种程度的共同点，有某种程度的共同法则，可以普遍应用，但亦不能尽以动物研究的结果去解释人类的行为。因为在另一方面，人类和其他动物又是有着质的差异的。

心理学既以行为为对象，那么这些行为是如何引起的呢？

宇宙间一切现象都是由一定的原因所引起的，行为当然亦不能例外，它是在因果关系上引起的。这个"因"，心理学家常叫做刺激（Stimulus），这个"果"，叫做反应（Response）。例如，由一个皮球引起打球的反应，由一本书引起读书的反应，皮球或书便是刺激，打球或读书便是反应。其关系可用公式表之如下：

$$S——R$$

由这公式看来，便可知道行为是个人对于环境的刺激所发生的反应，有反应一定有刺激，有刺激才有反应（虽然不一定有）。整个过程是建筑于因果关系上的。

然而所谓刺激是指什么东西而言呢？刺激可分为体外的和体内的两种。体外的刺激可以来自自然环境和社会环境。声光电热，属于前者；文化制度，或他人所做的一切运动、表情、手势、声音，属于后者。社会的刺激分析到最后，当然也是自然刺激，不过它的性质毕竟和来自自然的刺激不同，故有分类之必要。反过来说，当自然的刺激与他人行为发生关联时，则可变为社会的刺激。如汽车鸣喇叭的声音，本来也和雷声一样，是自然的刺激，但在唤起人们去警戒汽车的意义下，便是社会刺激了。人类因共同工作的关系而构成社会后，即在这样的环境中生活着。现在社会进化，人事复杂，所谓自然环境多少都已染上了社会的色彩了。所以在行为的影响上，社会的刺激比自然的刺激重要得多。体内的刺激亦可分为两种，即生理变化和心理状况。前者如胃壁收缩，如内分泌；后者如饥渴性欲。所以，所谓刺激不单是指环绕个体的四周的事物而言，而且包含着个体自身。而他的社会的刺激，更是扩展到他所接近的四周之外，因为现在交通便利，讯息灵通，事实上，我们常为千万里以外个体的行为所影响。

刺激既如上述，是包含外界的事物及内部的状态，而且在一定的因果关系上可以引起一定的反应，所以这些刺激如果控制得当，反应便应依理想而实现了。但在这里却有一个问题发生：为什么同一的外界刺激对于不同的两个人，常会引起不同的反应呢？即使对于同一个人，因为时间先后之不同，也会引起不同的反应呢？关于这个问题，我们可作如下解答。

原来，刺激之引起反应，决定行为，决不是只由于一个刺激，而是其他的许多刺激都同时发生作用（虽然只有一个特别占优势）。所以行为的决定因素，我们不能认为只是任何单独的一种刺激，而应该认为它是各种刺激同时组成的情境（Situation）。具体地说，在外界方面，我们当然要注意那占优势的刺激本身，因为刺激有强的、弱的，也有适当的和不适当的。强度的刺激才可以引起反应，不及或超强度的便不能引起；同样，适当的刺激方可引起反应，否则也没有效力的。同时又不能离开了刺激所在的环境，因为同一的刺激在不同的环境中，常引起不同的反应。例如，同是一只虎，在深山中出现，可使人惊逃失色，在动物园出现，则并不感到可怕了。在内部方面，我们要注意当时的生理状况，如消化、循环、呼吸、分泌、血压等物理化学的变化以及健康、疾病、疲劳、成熟等情形。健康时好动，疲劳时好静，血液中如果偶然不适当地杂有一些毒质，便会引起行为的变态。同时，也不能忽略了当时的心理动态。因为上述的种种生理变化除一部分可以直接影响反应外，有一部分甚至成为所谓动机而引起反应，饥者易为食，渴者易为饮。一个人如果没有求食的需要时，虽有食物在前，也不一定会引起他的食欲。而且这些内在的情境与外界的情境，又发生交互作用而决定行为。我们固不能单就一种因素去观察，也不能把它们个别地孤立地加以观察。

除了上述体外的和体内的刺激所组织的情境外，我们还须注意两点：一为个人本身的身体构造，一为个人过去的生活史。一般说来，身体有某种特殊的构造，才有某种特殊的行为，没有适当的构造，虽然有一定的情境，也是没有用的。例如，必有手的构造，才能够写字，否则虽有纸张笔墨也是枉然；必有脚的构造，才能够走路，否则虽有路也是寸步难移的。神经系统有缺陷的人，决不能担负重大的责任，做繁重剧烈的工作；手指短小的人，决不能成为优秀的钢琴家。双生儿的行为之所以常常相似，与他们的身体构造也是多少有些关系的。其次，过去的生活史对一个人的行为亦有影响。我们知道，人是常受影响他的时代和社会所支配的，各人的经验、习惯、修养不同，对于同一的刺激，自然发生不同的反应。学生和农民对于书本所作的反应是各不相同的。同一个人对于同一的事情，也往往因为过去的经验使其态度发生变化，而产生不同的反应。

由此看来，个人的行为既是由个人本身及其环境两方面共同决定的，所以有些心理学家如武德沃斯[①]（Woodworth）等认为外界的刺激必须通过有机体本身，才能引起反应，否则虽有刺激也是无效的。因此在 S 与 R 之间，他们加列了一个有机体（Organism）进去，而成为如下的公式：

$$S \text{——} O \text{——} R$$

格式塔学派的巨子勒温（Lewin）由于重视整个情境，而所谓整个情境又包括了人及其心理的环境而言，于是认为个人与环境同时发生变化时，行为固然随之发生变化，即使个人不变而环境有变时，或环境不变而个人有变时，行为亦发生变化。在这种意义下，他把决定行为的公式规定如下：

$$B \text{===} F（PE）$$

B 是行为（Behavior），F 是函数（Function），P 是个人（Person），E 是环境（Environment）。一句话：行为是个人与环境互相关系的函数，取决于何种人在何种环境之中。

至此，我们对于同一的外界刺激为什么会引起两个人的不同的反应，及同一个人为什么因为时间之不同而有不同的反应这一问题，便可以理解了。换句话说，同一的刺激在同一的或不同的情境中，对于不同的两个人之所以引起不同的反应，固是因为个人或环境发生了变化，或二者同时发生了变化；而对于同一个人因为时间先后不同之所以有不同的反应，无非是因为个人或环境二者同时发生了变化的缘故。不但如此，从上述个人与环境的关系的认识中，对于行为的意义，我们将更可得

---

① 原文为"吴伟士"，今译"武德沃斯"。——特编注

到进一步的说明。

首先，就个人对环境而言。所谓环境，是一定的个人的环境。这就是说，环境是有一定的个人为其背景的，环境的刺激能否引起反应，是看个人当时的内部情势及过去由时代和社会所规定的生活经验而定。所以，环境与个人有一定的关系。环境之所以为环境，其意义是由一定的个人决定的，它虽为外在的因素，但这外在的因素必须通过个人本身的因素，才能与之互相作用而发生效力。

其次，就环境对个人而言。个人是一定环境中的个人，这即是说，个人是有一定的环境为其背景的，他是以本身即原来的身体构造，当时的内部情势及过去在时代社会中所学得的生活经验为基础，而在当时的外界情境中发生反应的。而他发生什么反应，一方面要他自身才能决定（反应不完全是一种被动性的），但没有环境的刺激，决不能引起多种多样的反应，而且环境一旦发生变化，他的反应就难免不随之发生变化。依照动力学的原则（Dynamical Principle），他自身更无时不是在环境中存在着的。离开了环境，人便成为抽象的东西了。

最后，行为是环境与个人相互作用而统一的产物。如上所述，环境影响个人，个人在环境中发生反应，这二者相互作用而统一，便形成行为。但在这种情形之下，环境之影响个人（即环境之所以为环境），即是以个人为中心，而个人之反应环境（即反应之成为如何的反应）亦是以个人为中心；则个人一方面接受环境的刺激，一方面对其发生相当的反应。总之，必须通过这个人本身的因素，行为才有实现的可能。所以，行为存在于个人本身，并通过个人与环境相互作用的统一体现出来。

　　由此看来，所谓个人的行为，应是指在一定的外界环境、一定的内部状态及一定的过去生活中的某种个人的行为，即整个的个人行为。心理学是什么？心理学就是研究像这种有关整个的个体行为的科学。

第二章　心理学在教育上的应用

　　科学家研究科学，初时虽然把精力纯粹集中在自己所研究的对象本身上面，但最后一定归结为实际应用。例如，生理学应用到医学上，植物学应用到农学上，物理、化学应用到工业上。所以科学的任务有两个方面：一为纯粹的理论方面，一为应用方面。在纯理论方面，是以现象的因果关系及其法则本身为目的的；在应用方面，则是以利用法则，控制现象，使产生合乎人类社会需要的结果为目的的。

　　心理学是以人类的行为为对象的。其任务，在纯理论方面固然是在探求行为的因果关系，而发现普遍的法则，但在应用方面亦甚大。它可应用到教育上去，也可应用到工业上去，也可应用到法律上去，也可应用到政治上去，也可应用到医学上去，甚至还可应用到军事上去。不过本章的目的则专在说明教育——尤其是在教学方面的应用。

　　要说明心理学在教育应用上的任务，首先要知道教育本身的任务。教育的任务，从心理学观点来看，是在帮助人类变更其行为，以适应社会，即帮助人类在知识上、技能上及理想态度上造成一种变化，以适合社会的需要。这样在教育上就至少发生三个问题：

（一）人类的行为应该造成何种变化？

（二）用什么材料造成这种变化？

（三）用什么方法造成这种变化？

第一个问题是规定应该养成什么样的行为，应该革除什么样的行为，这是教育的目的问题；第二个问题是为了达到这个目的，应该用些什么有效的材料，这是课程内容问题；第三个问题是达到这个目的的方法，即教育方法问题。这三个问题如果解决得好，教育便可进入理想之域了。这些问题究竟将如何解决呢？我们以为，这三个问题都与心理学有直接间接或轻或重的关系，都可以应用心理学的知识去取得全部或部分的解决。

首先，规定教育的目的，当然以社会学为重要的根据。因为我们所要求的行为，是合乎社会所需要的。所以有什么样的社会，就有什么样的教育目的。在资本主义社会里，有资本主义社会的教育目的；在社会主义社会里，有社会主义社会的教育目的；在三民主义的社会里，就有"根据三民主义以充实人民生活，扶植社会生存，发展国民生计，延续民族生命"的教育目的。不过，心理学对于教育目的的规定，也会产生一定的影响。事实上，过去有些教育家就是根据心理学的理论去进行尝试的。

例如，欧洲的哲学家，自古希腊时代的柏拉图（Plato）至十七世纪的笛卡儿（Descartes），大多主张先天观念说，认为儿童的心内深埋着一种先天性，因此当时的教育，被视为一种导引的过程，就是把深埋于儿童心内的先天性导引出来，以获取知识，这是教育的能事，也是教育的目的。但是自从洛克（Locke）的"白板说"出世以后，这种主张便大加改变了。他认为，儿童初生时，其心灵正如一张白板，不着只字，必须使其感官活动，接受各种感觉印象，才可获得各种形式的景象，所以这时的教育便是训练感官的过程。后来，霍尔①（Hall）提倡复演说，认为儿童的发展，一方面是经过由下等动物进化为人类的过程，一方面又经过由原始人进化为文明人的过程，教育的目的又与洛克所主张的大相径庭了。因为这时教育应该是以发展儿童的先天的本能为任务的。由此看来，教育的目的有时亦随心理学学说的影响而发生变迁。所以心理学对于教育目的的规定，并非完全没有可能，只是就现在趋势而言，着重点应该放在社会学上而已。

社会学虽然如此重要，但我们在总目的之下规定各级教育的目标细节时，无论如何亦不能不参考儿童固有的种种特性与身心发展的情形，所以心理学的根据是决不可缺少的。

其次，关于课程内容的选择，也同样一方面根据社会学，一方面根据心理学。因为，教材虽然要适应社会的需要，也要适应个人的需要（兴趣与能力等）。不适合社会需要的教材，固不能造成社会所需要的人才；不适合个人需要的教材，亦难使行为易于变化、造就。所以选择课程内容时决不能忘掉了心理

①　原文为"荷尔"，今译"霍尔"。——特编注

学的重要性。自然，如过去许多教育家所主张的，课程内容应完全以儿童为标准，这忽略了它的社会性，显然是错误的。就现在的趋势而言，教材的社会性占了优势。这一点极为重要，现举例说明。

有关皇帝皇后、公子佳人、妖怪神魔等的故事，本来是很适合于儿童心理的教材，所以过去许多受过心理学洗礼的教育家，皆认为这是儿童的良好读物，各国出版这类读物很多。据说，最近苏联已经禁止出版这类书籍。他们认为，这些神怪的东西很容易使经验不足的儿童陷入虚幻的梦境，把人引向依赖命运，信任冥力，而这种人不是社会主义社会所需要的。社会主义社会需要有独立自主与各方面发展的人，所以就宜选用关于工业建设、勇敢斗争的故事，例如《鲁滨孙飘流记》《一块麻田怎样变成衣服》《书的故事》之类的读物。由此可知，课程内容的选择，与教育目的的规定一样，是以社会为主要根据的。不过，这并不是说完全抹杀了儿童本身的价值，当作家动笔为儿童写作读物时，仍然要尽量使内容写得适合于儿童的接受能力，而且要和写神仙故事一样，写得妙趣横生，引人入胜。按照这种观点，就我国的现实情形而言，若来选择教材，编定课程，在透过心理学的原则之下，就应该以当时社会的主要任务为最高的标准了。

最后说到教育方法问题。心理学对于教育目的之规定及课程内容之选择，虽然都有相当的作用，但其最大的贡献是在教育方法或技术方面。关于这方面的研究，当然集中于学习问题上。因为教学活动原是客观的，应以儿童为主体，教师是一个引路的人，只不过是指导和帮助学生学习而已。所以，问题还是在我们运用怎样有效的方法，去指导和帮助学生的学习。

这种以学习问题为中心的研究有些什么内容呢？就现在所有的研究成果而论，至少可分成三大部分。第一为学习的基础；第二为学习的过程；第三为学习的结果。所谓学习的基础，即为广义的学习能力问题。在这方面，首先论及的是儿童与学习有关系的种种基本行为及其发展的一般情形，即说明儿童的能力发展到什么程度，才可教他们怎样学或学些什么东西。例如教走路，必须等他已发展到一定的时期，能坐、能爬、能站起及两腿能先后运动后才能开始教；又如教读书，也必须看清楚他的智力程度、记忆能力和兴趣，然后有针对性地教儿童读书。七八岁时的儿童，其心理尚未发展到能够了解抽象的思想和理论时，就教他们去读"四书五经"，其实是极端错误的。如果儿童已经发展到能做而且需要做各种游戏活动时，却不给儿童提供充分的游戏机会，那也是极端错误的。不过，一般在发展的研究中，决不能忽视儿童的个别差异。因为他们各受不同的遗传和环境的影响，发展常不一致，如果不顾及这些差异情形，也等于不知道他们发展的实在情形。所以我们除注意儿童大多数的一般趋势外，还必须研究其特殊的表现。这样两方面的研究，便构成了以个体发展为中心的儿童心理学的大部分内容。

学习过程的研究，其中心目的在于求得一个比较经济的学习方法。要使儿童学习的效果高一些，经济一些，首先，要弄清楚学习的进程本身，如学习的速率、进度及保持情况，以及用什么最好的方法培养各种习惯，进而了解学习的法则。其次，则要深究经济学习的各种条件，如生理方面的条件、心理方面的条件。这些条件都是足以影响学习效率的。我们如果明白了学习在什么条件之下容易成功，在什么条件之下难以发展之后，便可设法控制条件，以增进学习的效率了。当然，在研究这些条件时，包括了许多卫生的要素在内。例如温度、光线、药物、烟酒等应如何控制，休息时间应如何规定，营养不良、近视、重听、扁桃腺等病应如何预防……都在研究之列。以上一切问题的解决，都是学习心理学所应该注意到的。同时，学习心理学所应注意的，除了一般的学习过程外，也不能忽略特殊的过程。例如在读法上，眼动研究结果证明：阅读之所以可能，正是在眼球停顿的时候；阅读的困难是由于缺乏有规律的眼动，或由于不需要的眼动次数过多。这些研究成果表明，儿童阅读应该及早训练，使他们获得眼动的习惯，以促进阅读的容易与流利。对阅读上的认字和识字过程的研究，使我们知道，儿童正常的阅读是认识整个的句子，而不是认识各个单独的字；或是认识整个的字，而不是认识各个单独的字母。于是就有了一开始就教单字或单句而不教字母的教学法了。

最后，关于学习的结果。这里有两个问题：一个是研究学习过某一种材料之后，学习者所受到的训练，能否对学习别一种材料有所帮助，即所谓学习的迁移[①]问题；另一个就是学习结果的考查，即所谓教育测量问题。第一个问题的研究，通常也属于学习心理学的范围，但考查学习成败的教育测量，则因问

----

① 原文为"转移"，今译"迁移"。——特编注

题之繁复及方法之多样，已蔚然成为独立研究的一支了。

以上就是心理学对于教育方面的贡献。心理学虽有这样一些贡献，我们并不能忽视社会学对于教育的价值。教学本身就是社会化的。例如，教师与学生应该发生人格上的接触，以陶冶他们的品性；学生间应该发生竞进和合作的集体学习，以提高自己的兴趣，养成社会性；至于目前抗战期间，因待青年学生去担当的战时社会工作正多，教学生学习，更应该通过这种现实生活，以增益其对于社会的认识。由此可知，在教学实施上，社会学是有很大价值的，只是这些价值不能掩盖心理学的特殊贡献而已。

总之，应用心理学的知识去研究教育上的问题，所得的成绩已确有可观了，尤其对于教学方面的贡献更大。我们从儿童心理学中，知道了怎样因材施教；从学习心理学中，知道了怎样提高学习效率；从教育测量中，知道了怎样考查成绩。其他如心理卫生、训导心理、教师心理等研究，对于许多实际问题的解决，也有很大的帮助。

第三章　人类的基本行为及其发展

　　心理学在教育上的最大贡献，体现在教学方法或技术方面，以学习为中心可以分成三个主要部分：一是学习的基础，二是学习的过程，三是学习的结果。这在上一章已经讲过。现在，我们拟从这三部分中的第一部分，即学习的基础谈起，依次加以较详细的说明。

　　要谈学习的基础，一般在心理学上，首先要谈的便是人类的基本活动或基本行为这个问题。从来一切心理学者都相信，新获得的行为是建立在过去活动的基础之上的；每一种后天的习惯，都由若干早已存在的形式发展而成。那么，学习的过程是以什么活动为根据而开始的？如果我们追本穷源，依次逆溯到其最原始的阶段去，必然可以发现这些活动作为一切学得的行为的基础。这些活动就是现在所要讨论的所谓基本活动或行为了。

　　关于人类基本活动的考察，在现代心理学上可分为三个时期：第一个时期是从儿童及成人出发的；第二个时期是从初生婴儿出发的；第三个时期是从未出生前的胎儿出发的。在第一个时期考察儿童及成人的时候，发现了有许多本能动作（Instincts）；在第二个时期考察婴儿的时候，发现了有许多反射运动（Reflections）、情绪反应（Emotional responses）和集团反应（Mass reactions）；在第三个时期考察胎儿的时候，更明显地发现了有许多集团反应。现在依次把这些发现分述于后，以明其历史发展的经过及现阶段的情形。

本能之科学地应用，虽始于十九世纪下半叶的斯宾塞（Spencer）、达尔文（Darwin）诸人，但使其在人类心理学上取得重要地位的则为詹姆斯①（James）。十八世纪的哲学家本以为，人类的行为是受理性控制的，其它动物尤其是昆虫才受本能的支配；他们视昆虫为本能的动物，而视人类为理性的动物。但自从詹姆斯在其大著《心理学原理》（*The Principles of Psychology*）中认为，人类所有本能的数目不仅不少于其它动物，且较其它动物更多，如模仿、妒忌、竞争、畏惧、同情、害羞、社交游戏、好奇、搜集、狩猎、谦卑、性爱、攀援、愤怒、怨恨、斗争、盗窃、建设、清洁等都是本能。后来的心理学者对于无论如何都不能解释的行为，常拿出"本能"来塞责。有名的麦独孤（McDougall）在他的《社会心理学》上就以本能来解释人类的社会行为，如逃避、拒绝、好奇、斗争、自卑、自夸、父母性、亲爱、寻食、群居、获得、建设、申诉等，都是他认为的主要的本能；而桑代克（Thorndike）在教育心理学上则更

---

① 原文为"詹姆士"，今译"詹姆斯"。——特编注

把它们当作学习的重要根据，如获取、求得、占有、搜集、蓄藏、居住、迁移、争斗、爱护、群居、社会性、模仿、把弄、贪食、仁慈、游戏、凌虐、威吓、清洁、装饰、好奇、戏弄等，无一不可以在教育上加以利用。卡尔①（Carr）考察了七种标准的教科书，他发现，合理的本能，如好奇、狩猎、争斗、恐惧、群居、母爱、游戏等，竟达三十八种之多。其实，所谓三十八种，已是很守旧的说法了。如果依照伯纳德②（Bernard）在一九二四年研究的结果看来，那是更为惊人的。他在四百一十二人所著的四百九十五种教材中把所列举的本能统计起来，竟有一万多个项目。

关于本能的特点，从来为一般心理学家所公认的有二。一为普遍性。例如，在动物身上发现，同时又在人类身上发现的特性；或同种动物所共有、人类的一族或一切种族所共有的特性，都可称为本能。二为先天性，即为遗传的不学而能的本性。

不过，各心理学者漫无限制地滥用了"本能"这个概念，他们所讲的"本能"，有许多在人类身上并不真正存在（他们之所以不惮其烦地把这些特性包罗在一起，或者是因为他们认为，这些特性与动物的行为相近似罢了）。例如狩猎，虽有些心理学家力陈人有一种先天倾向去追逐和捕捉细小的逃奔的东西（Escaping object），说儿童有一种本能去掠取小动物。但是，根据现在精密观察的结果，儿童并没有这种行为。它在动物身上或许在某程度上出现，但在儿童身上并不存在。除非存在着其它

---

①　原文为"加尔"，今译"卡尔"。——特编注
②　原文为"伯尔纳"，今译"伯纳德"——特编注

的导因（如由成人教之使然）。而且，有许多所谓"本能"，在人类身上也不是普遍的。例如同情、好洁等是人人所共有的吗？反之，在人类身上普遍存在的动作未必就是本能，如中国人吃饭皆用筷子、写字皆用毛笔，我们决不能说它是中国人的本能，这是同一的生理构造的人普遍地受了同一的环境所影响的结果。

其实，所谓本能，都是有具体内容的东西。如果精细地观察其起源和发展，又可看出，这都是后天学习得来的结果，是在环境中逐步养成的。不但狩猎、同情、好洁如此，其它如服从、合作、群居等等，也莫不如此。试以群居为例。从个人方面来说，一个婴儿初生下来的时候，是根本谈不上群居的。他不能独立地生活，一刻也离不开别人的帮助和照料。由于在进食、穿衣、排泄时经常受到人的爱抚关心，这就必然产生一种条件反射（Conditioned reflex），将爱抚关心他的人视为满足的对象，久而久之，当他看见母亲或看护者走近他身旁的时候，他就会报以微笑。这只不过是表示，群居性的训练在早期已经开始了。及后，儿童因与其他更多的人常相来往接触，他的满足对象便转移到要与多数人共同生活了。从整个人类来说，自有人类以来，为了延续生命，就要向自然界取得物质生活资料，并且把它加工制造，使更适合于生活的需要。但人类的劳动并不是孤立地或个别地进行的，个人的力量有限，难以扩大生产量，也不能抵抗自然界的种种压力（如毒蛇、猛兽等），必须和多数人共同进行，始克有成。而此多数人之共同进行便成了所谓原始的群（Herd）了。所以，人类的群居生活，事实上在最原始的时代就已为生活条件所规定而开始了。这难道不是现实环境所造成的结果吗？

不妨再来谈谈比较简单的本能行为，如求食和求偶二者。求食固然是由于饥饿所引起的，它有着遗传的生理基础，但婴儿吸乳，因经验影响而发生变化之处的确不少，何况成人？有关烹饪、食具、食规、食时、食堂等活动，各地习俗不同；为了应酬朋友有时虽饥饿而不敢多食，有时虽不饿也不能不勉强进食，这样，食物和饥饿的关系就在一定程度上脱节了。在求偶方面亦然，引起求偶的性欲，固然基于体内的化学状态，但儿童在性器官未成熟以前，已常受到关于性方面的非正式的教育；到了性器官成熟之后，为满足这性器官要求而发生的一切活动，如男女社交、恋爱、求婚、结婚等，更因社会的影响而千变万化了。

然则过去的心理学者为什么如此漫无限制地滥用本能呢？这是因为他们对于不能解释或无力解释的一些活动，勉强假设一种神秘的说明。他们认为，这样一经说明（尽管是不合理的、不科学的），便再不必进一步去探求其根源了。所以有人讥笑这种本能心理学为完结的心理学。而邓拉普①（Dunlap）登高一呼，许多客观的心理学者都响应起来，要把它们根本废除了（如果还要保留本能这个名词，至少要修正它的意义）。不过这些心理学者虽然坚决地废除了本能，但对于基本活动的观念并未放弃，而且认为一个人最初表现出来的动作，可看作是他的基本活动。所以，一个人坠地以后究竟有哪些最初出现的动作，

---

① 原文为"邓来普"，今译"邓拉普"。——特编注

实在大有探究的必要，这样，他们就转向初生婴儿方面去进行考察了。

根据近代许多婴儿研究的结果，最早被人发现的就是反射，即那些对确定的特殊刺激而发生的筋肉的和腺体的特殊反应。例如，瞳孔收缩或放大反射（The pupillary reflex）、视听反射、味的反射等，都是婴儿生后不久就会出现的。而其中较为奇特的又有所谓达尔文式的抓握反射（Darwinian reflex）、巴宾斯基反射①（Babinsky reflex）、莫罗反射②（Moro reflex）等。至于在人类习惯的养成上负有控制的重大任务，照奥尔波特（Allport）所说，则更可有以下六种所谓优势的反射（Prepotent reflex）：（1）惊跳和退缩（Starting and drawing），（2）推拒（Rejecting），（3）争斗（Struggling），（4）饥饿反应（Hunger reaction），（5）感觉区反应（Sensitive zone reaction），（6）性的反应（Sex reaction）。惊跳是婴儿忽然失去凭借而发生的反应，退缩则在遇着不适意的或痛苦的刺激时发生，推拒是遇着讨厌的刺激时发生的，争斗是身体某部分受到不自由的禁止制约的时候发生的，饥饿是胃内空虚时胃壁收缩的表示，感觉区反应则是身体感觉敏锐的部分为人抚摩时发生的，性的反应则要到青春期性器官成熟以后才会发生。不过在这些反射中，除了这一部分身体外表上的反应外，也同时含有一部分内脏上的反应。

---

① 原文为"白宾斯基式反射"，今译"巴宾斯基反射"。——特编注

② 原文为"摩罗式的肢体反射"，今译"莫罗反射"，亦称"惊跳反射"，新生儿先天具有的反射之一。——特编注

　　反射的名目种类很多，此地不必一一列举，在此所需注意的只是它们的特点而已。依照一般心理学者的见解，第一，这些反射是天生的。因为这是诞生后未经学习即能表现出来的，第二，这些反射是行为的要素。早期的行为主义者以为人类一切复杂的行为，都是由这些简单的反射要素在发展过程中联合而成的，即所谓连锁反射说（Chain reflex theory）。而部分地从这种连锁反射说衍变出来的，则更有现在风行的条件反射说（Conditional reflex theory）。

　　这种反射观念在心理学上虽然现在也有它的用处，不过，如果以为在人生的发展过程中，反射是完全不经学习就能最初自然而然地出现的活动，那就是极大的错误了。因为，婴儿在母体中还有一段很长的历史（约二百八十天），他的行为一部分已在其间开始了，而且对他生下以后的行为之形成也有很大的影响。我们怎么能够把生后才出现的行为，当作是最初的、完全未经学习过的行为呢？即使对上述这些反射而言，也未必是不经过一定的学习就能够形成的。依照郭任远和霍尔特[①]（Holt）等的研究结论来看，事实上，这些反射都是婴儿未生以前在母体内学习的结果。反射的最初出现，本来就是整个行为形式的一部分，是由于内部的刺激而引起的。当内部的刺激出现时，如果另有一种刺激同时出现，就会引起某种一定的反应，那么二者之间的联结便可以成立了。例如，上述的抓握反射。在胎儿的集团反应中，包含在抓握反射内的手和臂的收缩，最

---

　　① 原文为"荷尔特"，今译"霍尔特"。——特编注

初虽然也是整个活动形式的一部分，但当这种收缩发生时掌上压力受纳器为手指的压力所刺激而把感觉冲动传达于中枢神经系统，因此两种反应（感觉性的和运动性的）便同时发生。卡柏尔（Kapper）的神经元生长律（Law of neurobiotaxis——nerve life growthordendrite growth）认为，一个发展着的神经元如果和同时被刺激的另一个神经元相接近，它就有发出枝状突起而和其他一个连结起来的趋势（或者源于此律的条件反射）。掌上的压力是可以和那种运动性的反应相联结的，这便是所谓抓握反射。婴儿出世以后，一遇到相当的压力，就会唤起一定的抓握反应。由此可知，许多反射是可以通过这种方法在诞生前学成的。

至于所谓连锁反射学说，表面上看来虽似乎是正确的，例如精巧的手部动作是由许多反射联合而成的，又如走路及平衡保持也是有腿筋的推进反射和身势反射等为其基础的。但这个学说自有其缺点，因为，本质上，它的出发点是一些孤立的反射。在行为的产生方面，它只看到了横的方面，而没有看到纵的方面，而且只从行为本身去机械地进行分析，没有从行为的全体性上注意其发展的整个过程。行为的发展，就其整个过程来看，不是先有孤立的简单活动，然后才结合而为全体，反之，都是先有全体的运动，后来才分化为独立的特殊动作的。这是近来婴儿尤其是胎儿行为研究的结果。至于条件反射说经过修正后，虽然有可取的一面，但在机械的行为主义者看来，也同样从孤立的反射出发，因此它和连锁反射说的缺点正是一样的。

其次，婴儿初生不久，身体上若受到适当的刺激，就立刻会产生情绪。据华生①（Watson）用实验方法研究的结果，婴儿最原始的情绪有三种：惧怕（Fear）、愤怒（Anger）和爱②（Love）。惧怕最初是由大声或身体忽然失去凭借而引起的，例如在婴儿的身旁发一钢条声，身体即起颤动，继之以哭；又当婴儿睡在毛毯上时，突然将毛毯抛动，也可使他发生惧怕而啼泣起来。愤怒是由阻碍其动作而引起的，例如以手紧紧抓住婴儿的头，他就会全身挣扎起来，继之以大哭；又紧紧抓住他的两足或两手，也可引起同样的现象。爱是由于轻摇、温暖或抚摩动情区而引起的。所谓动情区，即指身体中敏感的部分而言，如耳部、唇部、乳部、颈的后部、生殖器等皆是。婴儿的这部分受着轻抚时，就会微笑起来，或者显露愉快的表情。

华生之所以称这三种情绪为原始的，是因为他认为它们是先天遗传的，是最简单的，其它的一切情绪，则比较复杂，而且皆是以此为基础而在条件反射过程中学习得来的。华生这种见解曾风行一时，为许多心理学者所接受；上面奥尔波特所举出的六种优势反射，事实上也多少渊源于此，只是奥尔波特自谓着重于身体的外表反应方面，故称之为反射而已。但以这些反应作为人类行为的基本活动，则二人并无分歧意见。

不过华生这三种情绪，即就其本身而言，最近经过了更精密的研究后，也受到了严厉的批判。因为华生对这三种情绪的命名，实际上掺杂了许多主观的成见。据谢尔曼③（Sherman）

---

① 原文为"华特生"，今译"华生"。——特编注
② 原文为"亲爱"，今译"爱"。——特编注
③ 原文为"歇尔曼"，今译"谢尔曼"。——特编注

报告，他曾用种种刺激如饥饿、降落、遏制、痛苦等引起许多婴儿的情绪反应，并用电影机拍摄下来，让许多人如看护、医科学生、心理学科学生等观看，请他们分出情绪的种类来。这些人并不知道这些情绪是由何种刺激所引起的，因此，他们所用情绪的名词就大不一致。例如，由阻碍抑制婴儿的动作而引起的愤怒，竟有许多人说是惧怕。可见，华生以前之谓怕、怒、爱三者，实是根据他的主观成见而强为之的。虽经他一度辩护，谓不坚持情绪的名词，但也未足以掩蔽其破绽。又如莫罗（Moro）从前在德国试验，也发现一岁半至二岁的儿童有一种恐惧反射，是内耳半规管受刺激所引起的（稍长此刺激则无效）。这既然是一种反射运动，而不是情绪反应，那么，华生在情绪上因为先有了成人的惧怕这种观念，而强称之为惧怕情绪，这当然也是错误的。

又退一步而言，即使承认儿童有惧怕情绪，但据邓拉普（Dunlap）的研究，青蛙的跳跃也可以引起儿童的惧怕，可见引起惧怕的刺激不只为大声和失去凭借两种，而还有其它，不过尚未发现而已。华生的结论，流于武断，是显而易见的。此外，约昂夫妇（H. E. and M. C. Jone）用无毒蛇对五十名各种不同年龄的儿童进行实验，据其结果，儿童在两岁以前对蛇是毫无反应的，三岁或三岁半也不过只带着几分警戒之色注视其动作（不敢与之接触）而已，直到四岁以后才有躲避的行为发生。这又足以证明，儿童对于各种事物的惧怕，有时是生理成熟的结果，生长不到一定的时期是不会发生的。华生说儿童的惧怕完全是由于条件反射学习而来的，显然又是错误的。拿对蛇的反应来说吧，凡从未见过蛇和关于蛇的图画或听过关于蛇的故事的儿童，都不知道惧怕为何物，这又怎么能够说是学习的结果呢？平心而论，学习虽然也是一个很重要的因素，但决不是如华生所主张的完全是条件反射。

从积极方面看，关于婴儿情绪的研究，今以布里奇斯[①]（Bridges）所得的结果最为可靠。据他报告，在未满一个月的婴儿中可以察见的情绪，只是一种漠然的激动（Excitement）而已。这种漠然的激动后来渐次分化，便成为两种普通情绪，即愉快（Delight）和痛苦（Distress）。所谓痛苦，是在婴儿身体的位置忽然失去均衡，或其动作忽然受着阻碍的时候而发生的，其特点为筋肉紧张、呼吸困难、颜面改变、身体战栗、啼哭呼号，与华生所说的惧怕和愤怒颇相类似；而愉快则是在被人抚摩或摇摆的时候发生的。其特点为筋肉舒展、声气和平、动作自由、口中有涎作声，似相当于华生所说的爱。由此看来，华生之所谓怕、怒、爱并不是最原始的反应，乃是后来分化的结果罢了。

婴儿出生后不久，除了有一部分确定的特殊运动如反射外，更有许多在形式上近于上面所述的激动那样的散漫的、漠然的、无一定目的的活动，此即所谓集团反应，是以身体全体来反应刺激的。例如，以光作刺激，照着新生婴儿的眼睛，婴儿对之所发生的反应，虽大部分是眼睛的运动，约占百分之六十七，但身体其它各部分如躯干、四肢、头部、面部、口部等亦常伴

---

①　原文为"布烈节斯"，今译"布里奇斯"。——特编注

随着眼睛之运动而运动。具体地说，一般的身体运动占百分之十一，四肢运动亦占百分之十一，头部运动占百分之九，面部和口部运动各占百分之一。又对着生后二三星期的婴儿发出一种高声，他们除了耳朵发生反应之外，其余身体各部分也同时有种种活动，如四肢运动占百分之三十五，眼睛运动占百分之三十四，一般的身体运动占百分之二十六，更有一小部分是属于头部和面部的。总而言之，给婴儿以一种刺激，他便以全身体来反应这刺激，并且形成一种集团式的活动。而且，这些活动的强度及其散布的广度，又是与刺激的强度及其范围成正比例的。

关于婴儿这种集团反应的解释，我们可在神经系统上找到根据，即婴儿的神经系统在出生时尚未全部组织完备，还没有确定的作用，所以，受了每一个刺激之后，都有要散布其影响于各通路以使多种器官皆同时发生活动的趋势。

当婴儿稍大，已经学得走路及眼手协调等运动后，这些集团的散漫的活动在性质上便发生一定程度的改变，即此时他可以有多种不同的动作来反应环境中出现的许多事物，他要到各处去走动，要注视和拿取各种物件。这些事实表明，在此时期内，儿童对于每种刺激几乎都有一种积极的或前进的反应倾向（除了是痛苦的或过于强烈的刺激之外）。以前的心理学家没有察觉到儿童的这种积极行为，往往把它们视为本能，所以就有什么好问本能、好奇本能、手作本能等一个长单子开列出来。但从今日科学的事实来看，这些行为与其说是特殊的本能，不如说是一种对于不确定的刺激所发生的散漫反应罢了。

　　儿童这些集团反应在学习得来的行为的发展上，是比他那些确定的特殊反射运动更为重要的。许多习惯就是建立在这些散漫的筋肉活动的分化与训练的基础上面的。例如，拿取木块时，两手的乱动在学习过程中可变为日后各种精细的工作或日常生活的习惯。又如，无秩序的发音反应，也可变成将来有意义的语言。

　　由于发现了上面这些事实，我们不但可以指出旧式本能观的错误，也可以对以前的反射观念给予重新的正确评价。因为，在行为发展的过程中，反射的地位已由集团反应取而代之了。不但如此，婴儿的行为在母体内既已有一段很长的历史，而且对于以后的发展有着很大的影响，所以最近许多心理学者为要彻底了解行为发展的整个过程，为要追溯行为在最初期间所发生的事实起见，已更进一步去研究胎儿的行为，而且其研究的结果也已大有可观。

　　关于胎儿行为的研究，因为技术上的困难，学者多从动物方面入手，如科格赫尔（Coghill）之研究大蛇，安哥罗（Angulo）之研究白鼠，温朵（Windle）和格里芬（Griffin）之研究猫胎，郭任远之研究鸡胎，都是其中最显著的，而且所得的结果，都有一定的科学和学术价值。在人类的胎儿上，有明可夫斯基①（Minkowski）的研究可作参考。他曾用手术从妇人的子宫中取出十七个自二个月至五个月的胎儿，观察其行为。据他报告，当胎儿在二个月至三个月的时候，虽能表现头部躯干及四肢的

----

　　①　原文为"闵科斯基"，今译"明可夫斯基"。——特编注

运动，但这些运动是缓慢的、无规律的、不相呼应的，而其范围不限于身体受刺激的那一部分，其反应常波及于全身各处。例如轻压他的一只脚，或以骆驼毛抚摩他的脚，固然会引起被刺激的那一只脚的退缩及其运动，同时其他一只脚也发生伸曲运动。不但如此，两手也向前伸出，头及全体总动起来。胎儿稍大，即四个月至五个月时，则对于刺激所引起的反应，虽较先前有一定进步，可限于被刺激的一部分，但这种运动波及于其它部分的情况也常有发现，遍及于全身的更为常见。

由此可知，胎儿的活动，最初也是一种集团的反应，个别的特殊运动几乎完全没有。换句话说，一个人的初期行为是集团式的、全体的、一般化的，无论身体哪一部分受了刺激，全身皆会总动起来。这不但在婴儿时期可以发现，在最原始的胎儿时期更为显然。不过这些集团反应到了后来便逐渐分化，成为各种独立的、个别的、特殊化的运动，身体受了刺激后，只有受刺激的那一部分发生运动罢了。所以，虽然在婴儿初生不久时即有种种特殊的反射表现出来，但这些反射并不是最原始的、最基本的，而是从胎儿时期那些集团反应中分化出来的，即反射只是发展的早期已经分化了的全体的行为的各部分而已。这样，早期行为主义者所主张的连锁反射说，也就不攻自溃了。至于在集团反应与局部反射之间，虽然近来也有人发现还有其它种种复杂的程度不同的运动，我们很难严格地把一个运动归入上面任何一种类型之内；但是就常态的情形而言，在初期的运动中，其所包含的身体部分的比例较后期的为多，这也应该是比较接近于事实的。

　　到此，我们对于人类的基本行为及其发展这一问题，可以得到一个较正确的结论了。人类获得的新行为或习惯，从根本上来说，不是建立在什么本能的基础之上的，也不是建立在许多孤立的、无关系的反射动作的基础之上的，它源自于一些散漫的、全体的集团反应。这样的集团反应才是人类最基本的行为。人类最基本的行为即是集团化的，以这些集团化行为为出发点而开始的发展，就是一些散漫的全体形式的适应性的精化，或者以各种独立的特殊的分化形式出现。

　　由于有了这样一个结论，我们对行为发展的原则有更为深刻的认识。第一，行为的原始的完整性（Integration）。儿童的行为不是由各种孤立的要素机械地结合而组成的，在整个发展过程中，胎儿最初就发生全体的活动了。诞生后，从这全体的活动中分化而来的各种特殊运动，也是相互协调地统一着而形成新的全体活动的。这个观点不但推翻了连锁反射说，就是旧式的条件反射说也要作根本性的修正。第二，行为发展的连续性（Continuity）。在人类的生活史上，诞生并不是起点，只是在生长及分化的连续的过程中的一个事件而已。这个观念又打破了"本能"与"习惯"、"天生的"与"获得的"的绝对界线。这两个原则无论在研究儿童生前发展或生后发展上都是很有用处的，所以现代心理学已把儿童视为一个产前产后在他本身构造上的特质与环绕着他的四周环境的交互作用之下发展着的完整的及继续生长的有机体了。

第四章　行为发展的类型

从前的心理学家在教育上应用人类的基本行为时，常特别提出本能来，根据本能的发现、生长与消灭而施教。所以詹姆斯（James）讲教育，早就有"打铁要趁热"的口号。到了桑代克（Thorndike），本能被普遍地加以利用，那就更不用说了。不过，人们对于本能问题现在已经发生许多怀疑了，因此本能的发现、生长、消灭与教育的关系，就失去了它的重要意义。由于儿童心理研究的不断深入和提高，我们已知道了儿童的行为是逐渐发展而成的，而发展的类型则不外为成熟（Maturation）与学习（Learning）两种。一旦明白这二者的关系，则所谓"趁热打铁"的教育原则就失去价值了，因而更不必斤斤于探求什么本能不本能的问题。然则成熟与学习二者有什么关系呢？在未讨论到这二者的关系本身以前，我们对于发展的过程及此二者的区别必须首先加以说明。

根据上一章所说，所谓发展实不过为一种分化的过程，由散漫的全体的形式成为各种精细的特殊的形式，由未分化的状态进至已分化的状态。但这里所谓分化，并不仅是只分为对立的各部分，同时分了的各对立部分也是有机地相互联系地统一着、而形成一新的构造的。关于这一点，沃纳[1]（Werner）曾特别注意到，所以他又明确地分别命名为分化（Differenierung）与统一化（Jentralislerung）。这样，我们实际上可将心理发展的过程分为三个阶段：未分化、分化、统一化。不过这三个阶段并不是绝对的，在发展的每一个时期中都有一些未分化、分化及统一化的小的进展而已。例如，在胎儿时期，由五个月至九个月之间的活动已明显有初期分化的表现；但在出生后到幼年时期，儿童对于自己与外界、游戏与现实、梦与现实，却并不能明确地区分。

由此可知，心理的发展，最初是从未分化的构造即统一性最贫乏的构造出发的。这未分化的构造逐渐分化，产生部分，同时对中心集中复归于统一，如此统一生分化，分化归统一，更生分化，更归统一，转变不已，才不断地发生种种新的更高级的变形。既然分化了的各部分有机地统一于全体之中，不断地创造新的构造，则在发展的各时期或各阶段中，新阶段的发展决不是一定的要素（量）的统计的总和，而是一个有统一性的整体，自有其特质，即新的构造相对于前面阶段的形式，不但有历史上的关联，同时也有性质上的差异。这一点十分重要，因为胎儿之发展为儿童，儿童之发展为青年，青年之发展为成人，都不应该说成是从一定的胎芽之量的增加。在分化发展的

---

[1] 原文为"韦洛尔"，今译"沃纳"。——特编注

过程中，较高的阶段，对于以前较低的阶段，完全是一种有新的性质的东西。

发展的意义既如上述，现在可进而谈成熟与学习两种发展类型的区别了。

这里所谓学习，就其广义而言，可说是有机体的构造上和活动上因练习而产生的一切变化。例如，肌肉经过练习之后就长大起来，而且增加其以后活动的强度。这样因练习而产生的发展，皆可称为学习。成熟则不赖于练习，它是因构造之长成而自然地达到一定的阶段，显然是在练习之前就开始进行了的。任何构造必待成熟到相当程度，始能谈到练习。例如，肌肉必须从简单的形态成熟到成为完备的形态才有收缩或运用的可能，只有这时，才有练习可言。所以，成熟是练习未开始以前的一段过程。总而言之，成熟是预备一种可供运动的构造和活动机能，而学习则使构造格外健全，活动格外增强、格外多样化。

学习与成熟的区分既然如此，那么两者的关系又如何呢？根据上面所述，任何构造或活动必须成熟到相当程度才可供练习，则成熟对于学习所产生的影响之大可想而知了，现在且看下列的种种事实。

首先，请看动物实验的事实。布里德（Breed）和谢帕德①（Shepard）曾将二十三只小鸡在暗室中孵出而禁闭之，按出室的先后把它们分为五个组（实验组）。除第二组他没有报告外，其余有两组在第四天开始出室，一组在第五天开始，一组在第

———————

① 原文为"谢巴德"，今译"谢帕德"。——特编注

六天开始。在未出室以前是不许有啄米机会的，其所应食的米都直接置入它们嘴内，水则由细管灌入。此外另有二十一只小鸡为控制组，生后放在露天之下生活二十四小时即开始啄米。结果，实验各组的小鸡在开始啄米之时，成绩都较同年龄控制组小鸡的为低；不过实验组练习两天，则进步甚速，虽延迟了三数天才开始，而终于在两天之内补偿了这个损失，和同年龄控制组成绩不相上下。由此看来，实验组在这两天内并没有过分的练习，而其进步能有这样的速度，岂不是由于成熟的功效？所以成熟未到相当程度，即使有练习，也是没有多大效果的；反之，只有数天的成熟，对于学习倒是很有利的了。

现在说到儿童本身的事实了。格塞尔（Gesell）等曾选取一对女性的同卵双生儿（Identical twins）甲乙二人，到了四十六周的时候，使甲儿练习爬梯，持续六个星期（至第五十二周之末）。其间爬行很慢，甚少进步，姿势也十分笨拙，到第六星期之末，要费时二十五秒始能由梯底达到梯顶。乙儿在此六周内则不但完全没有进行练习，并且连观看别人爬梯的机会也没有，直到第五十三周之初的时候才开始练习。乙儿练习时，甲儿则绝对休息。但此时乙儿的进步很快，到第二周之末（第五十四周之末），所需时间不过十秒而已。到第五十五周之初的时候，甲儿虽已受过六周的练习，而乙儿只受二周的练习，但二人爬梯的能力彼此相等，到了七十九周，二人显然较前都佳，成绩亦复一样。

由上面的事实看来，乙儿只学习两星期，而由于成熟的结果，成绩竟超过学习了六星期的甲儿；反之，甲儿因少了六个星期的成熟，虽积极练习而进步仍然迟缓，而乙儿因多六星期的成熟，学习容易见效。由此可见，学习是要以成熟作为基础的。在身心的条件成熟后学习，则事半功倍；若尚未成熟即勉强加以学习，则时间和精力都不免浪费，有时甚如宋人之揠苗助长，对于儿童反而有害。我们过去的教育多不明了这种情形，往往不问儿童生理与心理成熟的程度如何，总是强迫他们学习其能力所不能胜任的事情，所以结果不但不能促进其学习的进步，反因不胜其担负而遭受了残酷的摧毁，这是一种严重的错误。

当然，这并非完全否认初期的学习对于后来的学习也是有所裨益的。就以小鸡啄米而言，实验各组第一次所有的成绩，都不及曾经有过学习的同年龄控制组的优良；又更就这两个双生儿爬梯而言，他们初次的学习也都同样较为笨拙，但学习的结果，便是其动作日有进步了。所以，站在教育的立场上看，成熟与学习都各有其相当的地位，不过只就此二者的关系而言，前者是后者的基础而已。

还有一点我们必须注意，就是成熟的发展虽然可以规定学习的发展，而学习对于成熟也是有反作用的。学习可使成熟更快速、更完满地发展。上面所述构造经练习后格外健全、格外活动，就是这个道理。所以学习的发展虽是受成熟的发展所支配的，先有成熟而后才有学习，但学习也显然可以影响成熟，二者互相关联，互相作用，我们决不能把它们孤立起来去考察。

到此，所谓"打铁趁热"的适当时期便可以解决了。即教儿童学习，须待他们成熟到了相当程度的时期才可以开始。如前所述，要教儿童走路，必须待他的生理成长到一定的时期，能坐、能立、能爬、头能端正和两腿能先后运动方可开始；要教儿童读书认字，也要看他的智力、思考力、兴趣等发展的程度如何才可着手。因此，儿童入学的年龄一般不宜过早。我国从前多不明白此点，儿童还只有八九岁，身心尚未发展到能够了解抽象的思想和理论时，就教以艰深的"四书""五经"或修身课本，这完全是违反心理学的原则的（自然，这里还有其它的社会原因）。

在此，我们更须进一步说明，就是不论成熟的发展或是学习的发展，都与遗传和环境这两个因素相关联。关于这一点，从前曾有过两种误解。

第一种误解，是偏重在遗传或环境的一面。偏重遗传的如高尔顿①（Galton）、戈达德②（Goddard）等人认为，人类一切特性的发展，都是由遗传决定的，遗传万能，环境没有什么实际意义；反之，偏重环境者如洛克（Locke）、华生（Watson）等却认为特性完全是环境所造成的，环境万能，遗传毫不重要。调和这两者的虽有斯特恩（Stern）的辐合说③（Convergence theory），认为发展是遗传与环境会合的结果，既不偏袒遗传，也不侧重环境，但都未曾明确地给此二者以一定的说明。其实，每种特性的遗传，都有生殖细胞内染色体所含的基因（genes）为其物质基础，这是无可否认的事实。没有遗传，在发展上则

---

① 原文为"哥尔通"，今译"高尔顿"。——特编注
② 原文为"哥达德"，今译"戈达德"。——特编注
③ 原文为"二元辐合说"，今译"辐合说"。——特编注

失去了根据。不过，我们也不能因此就否认环境的重要性，因为作为根据的遗传，也不过是遗传一种特性的可能（Possibility）或倾向（Tendency）而已。这些可能的特性必须借环境的条件然后才可能为实在的特性，没有环境，可能性是不能实现的（遗传学的"同生同"是先假定有一个正常环境的）。

按照正常的情形来说，一切细胞虽都含有基因，但在发展的过程中，因为环境不同，各有不同的结果。例如，某些细胞因多数相集，在其周围没有发展的余地；某些细胞可摄取充分的营养，其它的营养或有不足；某些细胞受着外界重大的压迫，其它的或毫不受压迫。所有这些，都表示身体上各种细胞并不是在同一的环境中发展着的；在某些部位的细胞，其所受体内体外的影响，与在其它部位的有很大的差异。环境既有种种差异，则发展的结果必因之而各不相同；所以当细胞增殖时，在某些部位的，其形状及其排列必与在其它部位的不同，如脑髓细胞与肠胃的不同，肝胆细胞与唇齿的不同，筋肉细胞与骨骼的不同。为了证明这种相关起见，我们更可用细胞移植的实验来作根据。所谓细胞移植即是把一定部位的细胞移植于其它部位上，看它在环境变化了以后如何发展。据已经实验的结果，如果在早期开始这种移植，细胞是能够适应移植后的环境而发生变化的。例如，把本来可成为皮肤的细胞巧妙地移植到成为脊髓的部位上去，便可成为脊髓细胞，或把可成为眼睛的细胞移植到大脑上去，便可成为大脑细胞（当然，如果已经变成了皮肤或眼睛以后，移植是不行的）。所以一个单一的细胞，在其发展的起始点，不一定就成为身体的一切部分的一分子，只要其含有可以发展为身体各部分的一种原形质（Protoplasm），则放在一定的环境中，便可以相应而发展了。所以细胞之发展为身体的各个具体部分，在其可能上虽有赖于遗传的根据，但在其实现上是离不开环境的。

其次，从某种缺陷的发展上看。一种缺陷虽已在遗传中找到了根据，但这种遗传的缺陷并不是绝对不能避免的。实际上，遗传的并不是真正的缺陷本身，而只是一种有产生缺陷的可能或倾向而已。这种可能或倾向如果在某种适宜的环境之下当然可以实现，但如果环境发生了变化，则不能照样出现了。例如某种雄性的果蝇，它本来已赋有一种变成畸形腹（Abnormal abdomen）的基因的，即腹部的环节具有不齐整的形态，经常不能清楚地互相衔接，但这必须在食物及水分充足的环境之下养育着，才能遗传下去。如果缺乏这个条件，这种畸形的特性是不能实现的。又果蝇虽已有一种可以产生复足（Reduplicated-legs）的基因，但亦必须使其生活于冷的空气之中才能实现；如果在温暖的空气中生活，则反而成为常态了。又果蝇虽已有一种使眼中小眼（Facets）的数目减少而成为不完全的眼的基因，但必须在温暖的空气中才能实现，否则，这种缺陷也是可以避免的。

从以上事例可知，一种特性虽有根据遗传的倾向，以表示发展的可能，但如果没有相当的环境为发展的条件，仍是不能实现的。这种特性之能否实现，以及将来怎样地实现（内容问题），全要看环境的情形而定。所以，在发展上，不论机体构造，还是依赖机体构造的机能或行为，遗传都是根据，环境则是条件。遗传表示可能性，环境表示实现性。二者缺一，都不能完成发展过程。二者彼此渗透，相互统一，我们决不能偏重其一，而忽视其他。

第二种误解，是把成熟与遗传或学习与环境同等看待。持这种见解的人，往往认为由学习而得来的特性完全是环境所造成的，不经学习而自然成熟的则视为遗传的结果。其实，成熟与学习是发展的类型，而遗传与环境却是发展的因素，两者意义不同，作用不同，判然有别。且同为发展之一种，不论成熟或学习，都应同受遗传与环境二者的统一支配。单就遗传去谈成熟，或单就环境去谈学习，固为不可；而视成熟即等于遗传，或视学习即等于环境，更属谬见。

以学习读书而言，读书虽然需要一个学习的环境，如良好的读物、合理的练习、师长的指导等，但读书所用的手、口、眼睛、头脑以及由这些手、口、眼睛、头脑所产生的机能，则有赖乎遗传。又如走路，虽只要儿童的脚部、腿部有关的神经系统的结构发达到相当程度，则两腿便能运动前进了，但这些脚部、腿部神经系统之成熟，也是不能脱离适当的营养、保护而可以实现的。所以无论成熟或学习，都需要遗传与环境，二者缺其一，则固不能成熟，亦不能学习。

单就环境方面而言，成熟与学习的情形则稍有不同。二者在发展的过程中，成熟是在前的，而学习是在后的。成熟的环境，主要可分为细胞内（单一细胞中的各部分互为环境）、细胞间（体内各部分细胞与其它细胞之间互为环境）的体内环境以及母胎的环境（母亲的血液循环、营养等）；学习的环境，主要为特殊的外界环境。儿童在母胎内有长久的历史，虽或偶有学习，但为数甚少，而且缺乏人为的性质，正如出生以后，身体虽继有成熟，亦是先假定一个正常的环境的。至于各种动物，因为其体内的环境和母胎的环境在生物进化史上已经标准化、固定化了，属于一定种类的个体，而大体是取同一的路线而发展，所以成熟的结果，只是一种遗传的可能性的常态的实现（若变化其环境，则结果当然大有不同，如上述细胞之移植）；但外界的环境则不同，它时时发生变化，它充满了社会的色彩，因此，为了适应这种复杂多变的环境而发生的学习的结果，就有着各种各样的内容。

由此说来，成熟与学习亦如其他行为一样，从其发生的机能看，有着遗传的根据；但从其具体内容的实现方面看，则与环境大有关系。所以在教育上，当儿童成熟到相当时期而要使他学习什么，便可在其遗传的可能范围内，布置一个相当的环境。在这个意义下，环境甚至可以说是学习的决定因素了。

第五章　学习的基本要素

　　在上一章中，我们曾经讲过学习是要有成熟作为基础的，在生理条件尚未成熟以前开始学习，是事倍功半或者是完全不可能的。所以在广义上，成熟本来也可以说是学习的基本要素之一。不过学习的基本要素，除了成熟之外，更重要的还有两种：一为智力（Intelligence），二为记忆（memory）。这在狭义的学习上更为显然。关于智力与记忆，一般心理学家多把后者包括于前者里面，并没有截然的分界。但也有人主张要把这二者分开（如 Spearman），对二者作了不同的解释。为求清晰起见，现在依照后一种办法把它们并列来说。智力这个名词，我们确难替它下一个尽善尽美的定义，但它可以代表一个人的学习能力（Ability to learn），这是无疑的。至少，我们必须承认，学习能力和智力有着最密切的关系。智力既然意味着学习能力，那么，缺乏这种智力时，学习又怎么能够进行呢？记忆也是一个绝不可少的要素，如果学习的结果丝毫不能加以保持，随得随失，过目即忘，那么学习又有什么用呢？岂非根本失却了学习的意义？所以派尔（Pyle）也说："没有记忆，学习或为不可能。学习者，即产生差异，与前此的我不同也。若有差异而不能保持，则我们等于未学习，所以学习与记忆是交错重叠的。学习者，我们必须记忆之也；而记忆者，我们必须学习之谓也。"由此看来，在学习上，智力和记忆与成熟有着同样的重要性。没有智力，固然没有学习的可能；没有记忆，就是学了也是没有效果的。

智力是指个人的学习能力而言，而所谓学习，在我们看来，又可以说是行为适应的成就，即一个人在适应新情境时所获得的成就。所以当一个人遇着一个新情境或问题时，如果能灵活地利用过去的经验去应付新环境，解决新问题，即能发现其中的关键，识别其中与他的目的有关的细节，从而知道运用这些条件去达到他的目的，这就表示他的智力很高了。反之，假如一个人遇着新情境、新问题需要采取另一种应付方法的时候，他却不能发现新的局面及其中各部分的种种关系，只是执迷不变，当作从前的旧情境、旧问题去应付，则这人的智力便算是很低的了。若以智力来叙述一个人的行为，则智力高的人，其行为可说是聪明的；而智力低的人，其行为便称为愚笨的。我们在学校里时常看见有聪明突出的高材生，有庸庸碌碌的中等生，也有奇笨无比的蠢汉。这三种不同的人，实际上就是三种不同智力的表现。

智力程度的高低，可用智力商数（Intelligence quotient 简称智商 IQ）来表示：智商在 90～110 之间的为中才，由 110 上推，在 110～120 之间的为优秀，120～140 之间的为上智，140

以上的为天才。反之，由 90 下数，在 70～90 之间的为迟钝，在 50～70 之间的为下能，25～50 之间的为无能，25 以下的为白痴。

表 5.1　智力高低与学习进展的关系

智商在 120 以上	被试者	甲	乙	丙	丁	戊
	所需要的次数	4	6	12	8	6
智商在 90 以上	被试者	A	B	C	D	E
	所需要的次数	15	22	23	13	不可能

那么，智力的高低与学习的进展有什么具体的关系呢？关于这一点，我们现在可从许多实验相似的结果中，举出一例解决迷宫问题的结果加以说明（见表 5.1）。

由上表可以看出，智力高的人学习迅速，智力低的人则学习迟钝，太低的甚至不可能。所以一件工作学习的完成，需要相当的智力限度，是很明显的了。

又，智力高低不但只与学习快慢及可能与否有关系，而且能使学习产生一种特异性。例如，在记忆的学习上，智力高的人，往往就对象的各个侧面记取其有关的意义而把握之；而智力低者，则只能机械地记忆其每一部分，然后才逐渐扩大他记忆的范围。

所以，要指导儿童学习，在未着手以前就应先考察清楚他们的智力等级，以定其能否学习，或能达到什么程度，然后才用恰当的方法加以指导。但这必须先进行智力测量，才能知道儿童智力的高下。

在指导儿童学习的时候，除了要用测量的方法测知他们的智力等级之外，还需根本地明白智力的发展情形。智力不是一生下来即已成熟的，它是逐渐发展起来的，不过它的发展形势如何，各心理学家所主张的却颇不一致。例如推孟[①]（Terman）和弗里曼（Freeman）等主张直线式，以为上升的速度是始终如一的；而桑代克（Thorndike）等却主张速率递减说，以为发展是弧线式的；最近肖孝嵘用八种甲种陆军测验，测量11～54岁的人，各种测验所得结果虽各不相同，但其一般的倾向则是11～12岁发展较慢，12～15岁为一直线，15岁以后发展的速度渐次减低，18岁以后更有降落的趋势。由此可见，智力的发展，并非绝对地随个人的年龄之增加而一直上进的。就其全过程而言，仍为一种弧线的形式。

智力的发展不是绝对地随年龄增加而一直上升，到了一定的时期便达到了成熟的境地，即最高极限。然则它可以继续发展到什么时期才达到这最高极限而停止前进呢？即发展的限度是在哪一个年龄呢？关于这个问题，学者间的意见亦极为分歧。如弗里曼主张是在13岁，推孟主张是在16岁。也有些学者主张14岁、15岁，或主张20岁以前仍有一些迟缓而持续的发展。如果根据桑代克的学习能力曲线来看，更大异其趣。因为他发现在10岁以前每年发展很快，10岁以后速率虽逐年递减，但至少仍可以继续进步到23岁或25岁才达到最高峰。自然，就其全过程而言，到25岁以后便又逐渐下降，但在45岁以前为数仍不多，所以45岁时的学习能力比20岁的平均只差10％～

---

① 原文为"推曼"，今译"推孟"。——特编注

20%。就是 45 岁以后，每年所减的亦不过如最高点的 0.5% 或
1%，直到 15% 左右而已。其曲线的形式如下图 5.1：

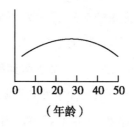

（年龄）

图 5.1　学习能力随年龄增长的发展趋势（源自桑代克）

　　但智力发展达到这样的最高点，也常随各种材料而有不同，
例如肖孝嵘在上述八种测验中所得的结果，则极为参差不齐。
他在测验一中发现智力发展到最高点的年龄为 18 岁，在测验二
中为 17 岁，在测验三中为 18 岁，在测验四中为 40～44 岁之间，
在测验五中为 19～21 岁之间，在测验六中为 17 岁和 18 岁，在
测验七中为 16 岁，在测验八中似乎在 35～39 岁之间。由此可
见，测验的材料不同，达到智力最高极限的年龄也因之而异，
不可一概而论。同时，如果再以桑代克所测量的结果来看，更
可以发现，智力达到最高点的成熟时间是与智力本身的高低成
正比例的。即，智力越低的，达到最高点的时期亦越早，反之，
智力越高的则达到的时期亦越迟。具体地说，智商在 20 的其成
熟期在 3 岁，智商 50 的，其成熟期在 8 岁，智商 70 的在 12 岁，
智商 100 的在 16 岁，智商 125 的在 20 岁，智商 150 的在 24 岁，
智商 175 的在 28 岁，智商 200 的在 32 岁。总之，智力的成熟时
期是有很大的个体上的差异的，我们很难得到一致的结论。假
如我们还要追究智力的成熟与身体的成熟有何关系，亦同样是

很难有一致的回答。因为，就多数的研究结果来看，智力的成熟虽似乎是在身体的成熟以前，但也未尝没有在身体的成熟以后或与之恰好相符的。

不过人的智力到了某一个年龄期，虽已达到了最高限度而没有再发展的可能，但此后由于他善于利用已经发展了的能力，所以虽过了某年龄，仍能坚持学习，并且日有长进。从前有一种流行的观念，以为三四十岁以上的成人是无法学习的，用科学的眼光来看，这完全是错误的。

智力的发展及其高低，固然取决于先天遗传的健全与否，但要使它充分发展，据罗莎诺夫①（Rosanoff）先前在美国心理学会上的报告，则与环境有很大关系。他举出的要点颇值得我们参考：第一，在胚胎初期，卵细胞不可受伤，否则会变成蒙古痴（mongolism——医学上的专用名词，意即先天愚型，也可以说是一种心理缺陷）；第二，在发育最初的五星期内，母亲不能有足以影响胎儿脑质的病症如脑炎、脑膜炎等；第三，发育五星期以后，母亲不能患有足以妨碍生长，致使早产或强迫接生的病症；第四，在生产时，骨盆要没有毁伤，生产自然，以及没有经过粗暴的接生术或大脑受伤等情形；第五，出生以后，在婴儿及儿童时期要没有患过脑炎、脑膜炎或其它属于脑的疾病或伤害；第六，在儿童及青年时期，要处于一个足以引发智力的家庭、学校及社会环境里。

现在，说到学习的第二个基本要素——记忆来了。

---

① 原文为"罗桑洛夫"，今译"罗莎诺夫"。——特编注

　　记忆问题，通常是分为四个方面看的。第一是识记（Memorizing），即有意地学习一种知识或技能；第二是保持（Retention），即保持已学得了的知识或技能；第三是回忆（Recall），即回忆以前所学得的知识或技能；第四是再认（Recognition），即再认以前所学得的知识或技能。例如，我们继续重读一首诗或一篇文章，直至能背诵得出为止，这大概可以通过三次、五次或十次的朗读来达到目的，这些重读的次数便是表示识记难易的程度。但一个星期以后再去回忆原文，则所能记得的分量（能回忆多少），便是表示保持的程度。最后，经过若干时间之后，我们虽或不能回忆这首诗或这篇文，但当再读或有人提起的时候，是可以认得出或辨别得出其正误的，这是表示再认的可能。自然，这四方面是互有关系的，而且记忆的方式或种类也有很多，识字是见字形时记忆其音或义，计算是计两数时记忆其和或积，认人是记忆其姓名或面貌，写字是记忆笔画组织，学地理是记忆各处的空间关系，学历史是记忆各事件的时间关系。若更就方法来言，又有所谓理解的记忆（Logical memory）和机械的记忆（Rote memory）。此二者将在下面加以说明。

　　我们虽有记忆，而记忆能力却是有限度的，如果学习的东西超出了某一定的范围之外，便因抑制作用（Inhibition）而不能完全记得了，此限度即是所谓的记忆广度（Memory span）。例如就数目来说，4～6岁的儿童看过后能即刻背出的只有四位。虽然其后随年龄而逐增，到了刚达成年时可约有七位或八位之多；而且因实验的方法不同，如使儿童用听觉或视觉接受刺激或刺激出示的时间不同，也会有种种差异。

再则，一切良好的记忆，都是依赖于材料之有意义地组织或有节奏地构成的。绝对无意义的音节如英文中的 Bew、Sig、Rok、Lau 等固不必说，就是某些有实义的单字，如果彼此之间没有关联而产生完整的意义，也是很难记忆的。比较一下下列三种材料，便可以知道其中底细了。

第一种为彼此之间完全没有关系的联对字：

球哲　沙恩　抱明　满斯　树衡　薄将　法过　书和　屋宁狐位

第二种为彼此之间虽本没有关系，但可由意义而连结的联对字：

冰硬　边穿　跑滑　星火　池薄　雪震　竞剧　风热　冷裂温照

第三种为一个有意义的句子：

如果懂得其意义，学习一组字本是很容易的事情。

以上三组字，每组都是二十个字，我们现在若以四十秒钟来学习一组，学毕即把所有能回忆的写下，不论次序，但只限两分钟，便立刻可以发现一组有意义的材料是比一组无意义的更为容易记忆。

既然记忆依赖于意义，则识记的时候，首先必须把握材料的意义，在活动的观察过程中理解材料中各部分的关系。此即为上面所说的理解的记忆。这种记忆对于已经组织好而自成形式的、有意义的材料，如一篇文或一首诗，固然是把它当作一个整体看，由理解全篇的大意、事物的首尾、中心思想、各段的大意及其在全篇中的地位，全篇的结构、各段的结构及上下段的关联等而记忆；就是对于一种无意义的材料，也须尽量把它造成有关系的组织去识记。例如，识记一长行的数目，可人工地造成种种有组织的集团如"918""623"等，或发现相似或相反的集团如"1428""9736"等。又如识记一串不连贯的单字，亦可在它们的音韵上、字形上勉强杜撰意义造成有机的联络或有节奏的排列，如"钱遇争端大移爱苦"等字，可造作为"遇金钱而启争端，因而大起迁移，迁移之后爱儿受苦了"。以前有人记新疆的物产，利用音韵作了一个绕口令为："和阗玉，哈密瓜，五金宝石盐金砂。"这些方法都是把一种没有意义或组织散漫的材料造成较严谨的形式，因此便产生出一种假借的意义来。

记忆虽有赖于意义，但首先用作记忆实验的材料的，却都是一些无意义的音节。我们试追想记忆研究的始祖艾宾浩斯[①]（Ebbinghaus）等的实验，便可以知道了。这是什么缘故呢？因为他们认为用无意义的音节所造成的材料，其难易程度都是一样的；如果用有意义的字则不然，有些字对于某些读者是比对于其他读者更为容易明白的，有些字对于某些读者是比对于其他读者更能给以意义的。例如，在都市中长大的人和在乡村中长大的人，"电灯"二字对他们来说难易有别，意义也各不相同，因此就造成不公平的情形了。所以，要实验纯粹的记忆能力，必须用无意义的音节为材料。但此种方法毕竟是太勉强的，不合理的。因为，在我们日常的经验中，我们原是记忆意义

---

① 原文为"艾宾豪斯"，今译为"艾宾浩斯"。——特编注

（Meanings）的；且如上所述，能有优良记忆的人也是能利用种种有意义的联合（Association）以使记忆容易进行的人。不过像这样的联合，已是有机的联合，而不是机械的联合了。艾宾浩斯等用无意义的音节为材料以便连结，虽然也是一种联合，可是他们错误地认为被联合的材料原本是各自独立的，所以结果就成为机械的联合了，在记忆上便是所谓机械的记忆。关于联合这一概念，由来已久，在心理学上的袭用也很广，今不厌其烦，再略述于下。

在古希腊时代，亚里士多德（Aristotle）已察觉到一种情况：人们如果现在发现某种刺激发生，就会回忆起其过去的经验。他就此提出了联合概念。不过他所谓的联合，是就两种观念（Ideas）的联合而言，所以"Association"通常译为"联想"。按照亚里士多德的观点，主要的联想律有三条；第一为类似律（Law of similarity），即前后两种观念如果是相似的，则可以联想起来，如见雪而想起棉，见铅笔而想起毛笔等；第二为对比律（Law of contrast），即两种观念如果是显然地相对的，则可以联想起来，如见白而想起黑，见君子而想起小人等；第三为接近律（Law of contiguity），即两种观念如果是曾经同时或同地发生过的则可以联想起来，如见孙中山先生而想起辛亥革命，见曲阜而想起孔子等。在这三条定律中，最基本的是接近律，因为对比律固可归入类似律中，即两种事物之对比，是因为此二者有一种本质的类似性以便比较，如见高人之所以想起矮人，就是因为他们在高度的两个极端上是相类似的，即为最相似的实在物（Most like entities）；而类似律又可并入接近律内，即类似是表示同时同地发生的相似事物是有相同的分子的，如铅笔与钢笔之所以相似，是因为二者有一部分内容是相同的，这种相同又是由于普通分子之同时或同地发生过。铅笔之所以似于钢笔，根本原因仍是此二者中有某种分子曾同时同地发生过。所以经验的接近是联想中最基本的因子。

上述这些旧式的联想律本都是机械的，后来的心理学家，无论是主观的如十八世纪英国的联想派（Associationism），还是客观的如现在美国流行的行为主义者以及桑代克和上述研究记忆的始祖艾宾浩斯等，竞相袭用联想律，结果皆不可避免地陷入了同样可怜的境地。一直到格式塔学派出来，才严肃地给予正确的批判。照格式塔学派看来，一切心的现象，皆有一个完整的构造或模式（Structure or pattern），即所谓格式塔（Gestalt）。联合这一概念并不是用以说明各种观念、各种能力或任何其它事物是如何联想的，因为它们除了可被视为一个整体或格式的各部分之外是永远不存在的。所谓观念、能力或事物，并不是在分离孤立之中发生的，它们皆常为某些确定格式的部分，而且只有这样来看问题，它们才能各有一定的位置和意义。所以在一个格式中看见某一分子而想起其他一分子，是因为这两个分子原有一定的关系，若不见其中之一，则必成缺陷，非把它填补起来以使这个格式复归原状不可。同样，在一首诗中，前一句之所以能引起对后一句的记忆，亦是因为这完整的诗就是在如此一定的关系中要由前后各句子综合复归一个单元的。由此看来，格式塔学派最基本的长处，还是因有一个动的有机的观点，能整个地理解一切的心理现象，所以在记忆上所谓机械地把各种孤立的部分联合起来这一回事，在他们看来根本是没有意义的。"接近"仍保留为一个因子，并未除去，这是因为，经验的接近，在格式塔学说自身的组成上也被认为是一个因素。

其次，在记忆和学习问题的讨论中，我们还须注意到它与年龄的关系。记忆是一种活动，记忆的结果大概可使神经系统发生一种改变。这种改变的性质，我们现在虽未能详细了解，但它有种持久性却是可以肯定的。所以，记忆的保持，实为神经系统中某种改变的保持。不过，神经系统的可变性及其持久性并非生来就很完美，而是逐渐发育而健全起来的，因此在神经系统还没有发育完好以前，记忆当然很弱，必须待生理发育随着年龄而俱进，保持能力才能逐渐增强。具体地说，由儿童初期直到成熟期或近成熟期之间，更有长足的进步，但过了成熟期以后，便再没有很大的增加了。

不过人的记忆，到了成熟以后，虽无甚增加，而经验和知识却随年龄而益见丰富，经验和知识原是记忆的理解背景，所以经验和知识较丰富的成人便可从理解中去记忆东西；反之儿童的经验和知识贫乏，结果仍不免要用机械的方法去记忆。由此可见年龄较长的人，其记忆也是较优的。不过年长的人其心情和环境大概没有儿童时期的那么安静单纯，往往随记随失，所以从表面上看，成人的记忆力似乎较儿童为劣。其实，并不是成人的记忆力本身较劣，而是由于不良的心情和环境的影响所致罢了。

下面谈一下男女两方面的比较。因为女子的生理发育比男子早些，所以，在记忆上，女子也较男子发展得早。派尔曾用数千名八至十八岁的男女，作过机械记忆和理解记忆的实验，结果也证明了这一点。

讨论记忆问题，自然就牵涉到了遗忘（Forgetting）问题。因为，我们所记忆的东西，经过了若干时间后，必有一部分会被遗忘。有名的艾宾浩斯遗忘曲线，就是说明这种遗忘与时间的关系的。即遗忘的速率，最初是最快，后来逐渐转慢，终至于完全没有遗忘。自艾宾浩斯研究遗忘后，伯拉德（Ballard）从许多记忆的实验中，又发现了儿童不但有遗忘现象还有所谓恢复现象（Reminiscence 意即回想、回忆、追怀），即儿童学习过一种材料后，先后接受两次测验，结果第二次的成绩反比第一次的好，能把第一次不能记忆的内容复现起来。这两种现象在记忆的研究中都很重要，不过要继续对它们一一作详细的说明，决非短小的篇幅所许，所以这里就不再赘述了。

第六章　学习的方式

　　在当前教育领域，有一个基本的共识，就是教学的方法必须以学习的方法为根据。所以在未曾谈到教学方法本身以前，我们必须把学习的各种方式及定律稍加说明，而从这些方式与定律的了解中，便可推演出教学方法上的基本原则来了。

　　学习本是一个复杂的过程，故其方式自有种种的不同。但为便利起见，我们可先从其中的试行错误式（简称试误式）说起。所谓试误式的学习（Trial and error learning）原是桑代克所发现的。桑代克曾实验过许多鱼、小鸡、猫、狗、猴子等动物的学习。在猫的实验中，他做了一个迷笼（Puzzle box），如果要从笼中开门逃出，就得解开门扣或拉一下绳子，门才能开。实验时他把一只饿猫放入笼中，外面另放一块鱼或肉以刺激它，使它在饥渴中找着一个方法逃出笼外而得到食物。在这种情形之下，猫在笼隙中伸爪不能得鱼，便乱动起来，或咬或搔，或推或跳，或叫或怒视，最后它跑到门扣处，偶然用爪一触，把它解开，脱笼而出，达到目的。主试计算时间后，又把猫放进笼中进行实验，如此连续多次，猫则逐渐减少其无效的乱动，即从笼中逃出所需的时间逐渐减少。至实验二十次以后，猫一入到笼中即能找到方法开门了。

根据这样的实验结果，桑代克得到一个结论，学习是盲目的，只在试行错误的摸索中偶然得到成功。这即表示整个学习都是无规则地进行，自始至终都是逐渐地进行，并没有突然的变化。另外，学习是不需要理解（Reasoning）的，不需要推理（Inference）的，不需要思想的，也不需要观念的，这纯粹是一种试行错误的过程。

这种试误式的学习，并不限于动物，在人类中也常有发现。例如，学习打字、打网球、游水或骑脚踏车等，都往往要一试再试，经过多次错误后，才能获得最后的成功。

不过这种试误式的学习在表面上看虽可解释许多学习情形，但从学习的实质来看，它便有许多缺点，故常被现代心理学家所质疑。而其中最先质疑者莫如格式塔学派的苛勒（Kohler）。苛勒进行了人猿实验，其情形及结果如下：

苛勒在笼顶上吊下一筐水果，如果将绳子一拉，筐则向足台方面摇摆，但猿若站在地上，伸手是不能达到取水果目的的。在相当时候，主试把筐摇摆起来，同时把 C、G 及 T 三只猿放入笼中。G 猿从地上跳起，试取筐中水果，但不能成功。此时 C 猿细察情形而后忽然走到足台上拿着摆动的筐，取食水果，其它的猿亦同样达到目的。

关于其它一猿 S 的实验，情形稍有变化。即当它未曾看到果筐以前，筐已摇成圆圈式，以有规则的速率掠过一横轴了。

当 S 猿带到笼中时，它注视着摇动的筐一会儿，以目迎送，等到筐一摆过轴时，它立刻跳上去，第二次摆到时即取食水果。苛勒又把情境再变，如使筐近一墙、一树或其它东西，但在每一场合中，猿都能以适当的反应去适应新的情境。

另一个实验：布置一笼，有若干木棍放在笼旁，笼外有水果，但放在猿伸手不能触及的地方。苛勒放进了一头女猿 T，她初时用手试取水果，但毫无办法，经过多次失败后颓然卧地，对于水果已无更大兴趣了。不久有几个小猿走近水果那里去，T 猿看见了，立即跳起，拿起一根棍（此棍似为它以前所不知者）把一端伸到水果的近旁，扒进手里来。这个实验曾用其它人猿在不同的方式中重演多次，得到了相似的结果，虽然在技术上有点个别差异。

更复杂的：苛勒放 S 猿于笼内，内有空心的竹棍两根。放一个香蕉在笼外 S 猿伸手不及的地方。S 猿用一根棍或其它一根棍试取香蕉，但都失败了，它做了许多其他无益的动作，如搬运箱子到栅木处等，最后它把一根棍穿过木栅，尽可能地推向香蕉那里去，放下了，并且又拿起另一棍继续推向前去，直触到香蕉为止。这时，它虽不能取得香蕉，但总算感到相当的满足。过一个多钟后，S 猿忽然拿起两棍（此为实验者放回笼内的），同时玩弄起来。在玩弄过程中，它将两棍接合起来，便成一直线，继又将细棍插入粗棍内，成一长棍。此时它立刻走到栅木前，用延长了的棍子把香蕉拉近了。

其他类似的实验很多，诸如把香蕉吊高，使手不能触到，旁边只放几个木箱，猿也能把木箱叠高，登而取之。根据这些实验，苛勒就得到一个结论：动物想要解决所处情境中发生的困难时，都是利用它们对于情境的理解，探知关键之所在，从领悟中去解决的。这种学习方式，叫做顿悟式的学习（Learning by insight）。

这种顿悟式的学习，很显然地表现出三个特点：一为知觉的整体性①（Organized wholeness of response），二为辨别②（Discrimination），三为目标导向③（Goal direction）。已经得到证明的是，如果情境不超出动物生成的普通能力（内部的情境）范围，这三个特点在每一种动物中都是存在的（对于下等动物如蚯蚓、金鱼、小鸡、鼠等，这些特点自然表现得很简单），在人类中表现得更为明显，下面具体说明。

在苛勒实验人猿之后，阿尔培（Alpeit）又用婴儿来进行实验。他用了四十四个年龄由十九个月至四十九个月的婴儿作对象，采用如下的问题：从天花板上吊下一个玩耍的气球，离地在四尺以内，旁边放有一方木头，可以用来登高取得玩具；又布置一相似的情境，只用椅子以代木头；再布置相似的情境，只把玩具吊得更高些，须叠起木箱及椅子才能取得玩具。又布置一游戏槛，里面放一木棍，外面另放一个玩具，问题是能否认识到木棍是可以作为拿取玩具的工具。在另一情境中，放两根竹竿于槛内，一竿之长是不能触到玩具的，必须二竿连合才

---

① Organized wholeness of response 原著译为有组织的反应全体，现通常译为知觉的整体性。

② Discrimination 原著译为识别，现通常译为辨别。

③ Goal direction 原著译为目的指引，现通常译为目标导向。

可以。这些与苛勒所用的完全一样，所不同的只是幼儿有说话能力。虽然有这一点不同，但根据实验的结果，幼儿的反应和人猿显著相似。例如，有些幼儿进入槛内，也径直地用手去试取玩具，失败之后，四周一顾，看一看木头，便用木头来取得玩具。所不同的是，幼儿察觉木头的意义比人猿快一些而已。对于棍也是如此。在一种新情境中，幼儿最初也做了许多无效的举动，有时更继以生气，并表示痛苦，这一点则是与人猿相同的。

但除了这一点相同外，无论在探索的方法上，还是在错误动作的减少上，幼儿都优于人猿，而这些就表示了顿悟的程度是学习的基本特点。自然，这种顿悟也不是每一个人都一样的。我们所要注意的是：学习的效率是在能否于情境中敏捷地看出其与特定目的有关的适当细节。有些孩子很快即能看出这些细节，有些渐渐才能看出，有些则几乎完全不能看出，如果只让他自己去摸索的话。

在人类的学习上（关于学龄儿童的或成人的），莫不充分表示着顿悟的存在。不过这些事实将来讲到实际问题时才能详细论及，现在不再赘述，现在所要注意的，只是对于桑代克的试误式的学习应如何去解释而已。

在桑代克的实验上所表现出来的事实，我们是不能否认的。不过，这些事实并不是无故发生的，而且对于这里说的顿悟也毫无妨碍。为什么呢？因为在桑代克实验中之所以发生这样的现象，是因为他所造的情境对于猫而言太困难了，即猫所处的情境已超过了它生存的普通能力范围。即使人或其它高等动物

在学习那种超过自己能力的事物的时候，也不可避免地要盲目
地摸索一番。所以在上述苛勒的人猿实验上及阿尔培的幼儿实
验上，最初也同样多少有这种试误式的活动。事实上，如果把
一个成人放进桑代克所造的迷笼中，恐怕也不能一人即有顿悟，
说不定还会出现多少盲动。不过，无论如何，一个最笨的成人，
比一只猫获得的成功总要快些。因为每个人都是在一个有门闩、
门扣、绳子的环境中长大的，而猫则不然。成人既有这样的经
验为背景，故他们觉得这种外界情境（问题）容易理解；而猫
则因毫无这种经验，它又怎么能不瞎碰盲撞呢？在此，除了偶
然成功之外，什么都没有了。但如果把猫放在迷笼中多次试验
之后，它也未尝不可以获得一些经验，而这些经验又未尝不足
以使其发生顿悟。我们试看，当它多次用爪推开门闩而学得逃
脱之后，竟能忽然用鼻子去推开它，便可以知道猫的顿悟了。

　　因此，在同一的外界情境中，甲觉得简单容易，则顿悟的
行为必较为显著；乙觉得复杂困难，则试误的行为较为显著。
这显然是表示行为是由外界的情境及有机体内部的情境交互作
用而决定的，即为整个有机体的事。用肖孝嵘的下图表示出来，
则更为明白：

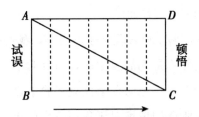

图 6.1　学习进程中的试误活动与顿悟活动

在图 6.1 中，ABC 三角形代表试误的活动，ADC 代表顿悟的活动，符号"→"表示学习进程的方向，A 为起点；C 为终点。此图表明在学习开始时，试误的分量较多，其后逐渐减少，以至于零，顿悟的分量则适得其反。不过这也不是说一切学习在开始时都是试误，或终结时都是顿悟。学习的进程，随着上述外界情境之难易，可在 AD 与 BC 二线上的任何一点虚线）开始。又因为一种学习进程之终结，并不一定是达到此种学习的最后完成，所以在未达到这最后的完成以前，不免有些试误分子包含在内（偶然成功）。

总而言之，把一个动物或人放到一个新奇繁难的情境中，最初多少有些试误的行为（一个新的难的情境之所以引起一个动物或人发生或多或少盲动，正是因为这情境对于他或它是新的、难的），但其最后的解决或最后的成功，则是一种顿悟的活动。虽然因为情境太困难，中间不免要经过多少次偶然成功，但这些偶然的成功累积起来，最后必演变为顿悟的成功。即，由试误的量的渐变，终于达到顿悟的质的突变。这是一切艰难学习的过程所共有的趋势。

不过，上面只是就一方面观察而已。如果依照格式塔学派看来，自然更有其一贯的说明。他们认为，在桑代克所谓的试误过程中，不能说反应是针对试行而来的单纯的错误而进行修正，实际上是对由试行而知的不适合（不适合于达到某种目的）而进行修正。所以，这种活动显然是有目的性的。因此，试行错误这个名词，应该改为试行成功（Trial and success）。这种试行成功的学习与顿悟式的学习并无根本上的不同，因为为了适合目的而修正的反应，必有一种顿悟，即必须认识反应与目的二者的关系。由此看来，桑代克之所谓试行错误，都不过是表面上的现象，若深究学习的本质，只有顿悟而已。

动物有无思想、有无观念呢？照行为主义者的说法，思想是无声的语言，那么，动物当然没有思想了。但如果是指识别一情境中某些细节对于其它某些细节的关系而发生的活动而言，则从上面格式塔学派的解释中，我们大可以承认动物是有思想的，学习是需要思想的了。

然则桑代克为什么有这种试误的解释呢？从根本上来说，这是因为他已陷入了机械论的陷阱，他只知道学习的过程是联结一定的刺激与一定的反应（S—R）的，这种刺激与反应时常出现，则可把这 S—R 形成凝固的习惯。殊不知，行为是整个有机体的事，外界的情境固然重要，而有机体本身更为关键。桑代克不晓得有机体本身的意义，故他所造的迷笼超过了猫的普通能力，结果就只有用试行错误（不是试行成功）这一解释才最合乎他的胃口。

关于学习的方式，与桑代克同为机械论的，尚有行为主义者所主张的条件反射式的学习（Learning by conditioning）。这种学习方式，可根据条件反应（Conditioned respose）来说明。所谓条件反应，是指人为的替代刺激所引起的反应而言。例如，某一种刺激原可以引起某一种反应，若换了另一种刺激，便不能引起那种反应。但这两种刺激若先后或同时出现多次，则原来无效的刺激也可以代替原来有效的刺激而引起同样的反应。其构成的情形如下：

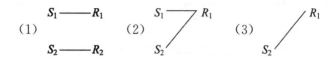

图 6.2　条件反射图解

在图 6.2（1）中，S_1 本为 R_1 的天然的有效刺激，S_2 是 R_2 的天然的有效刺激，R_1 只能由 S_1 所引起，R_2 也只能由 S_2 所引起。但在 S_1 出现之前数分钟若有人为的刺激 S_2 出现，或二者同时出现，如图 6.2（2），则经过多次之后，虽只有 S_2 出现，亦能代替了 S_1 而引起 R_1 了，如图 6.2（3）。

这种条件反射学习，原是俄国生理学家巴甫洛夫[①]（Pavlov）在实验狗的唾涎时发现的。引起狗的唾涎反应的有效刺激，本为食物，引起对声音的反应的本为铃声。但当他每次给狗以食物之前或同时加作铃声一分钟，则久而久之，狗虽单独闻到铃声，亦能发生唾涎反应。

巴甫洛夫发现了这种条件反射后，行为主义者华生（Wateon）便把它导入心理学上来，而为其解释一切学习过程的基础。据其关于情绪方面实验的结果，当小孩子抚弄着白鼠的时候，忽在背后击打钢铁条一声，他便大惊跳起。小孩子对白鼠本来是不怕的，对钢铁条发声才有惊跳，但两者同时出现，经过多次之后，虽只有白鼠而无大声，他也惊跳起来了。所以华生说，小孩子对白鼠发生惊跳，是在条件反射过程中学习而来的。又白鼠既变为有效的刺激后，更类化而为其他类似的动物

---

①　Pavlov 原文为"巴夫洛夫"，今译"巴甫洛夫"。——特编注

及物件，如狗、兔、皮衣、棉衣、圣诞老人等，此即所谓刺激之类化（Transfer）。

关于这种条件反射式的学习，在实际生活中尚有许多发现。例如，当小孩子屡次学习"书"字时，若同时给他以书本（实物）看，则后来他一看到"书"字或听到"书"字发音，就知道书本是一种什么东西了。又如学生对算术如感到讨厌时，则久而久之，连教算术的教员也觉得讨厌起来了。其他如所谓触景生情，望梅止渴，见火退避，以及见人逃而亦逃，等等事实，亦莫不可以视为由条件反射学习得来的。

同时，条件反射之外，还有所谓去条件反射（Unconditioning）及再条件反射（Reconditioning），即由条件反射而养成的反应，可由去条件反射而使其效力消失，并可由再条件反射而使其原来的效力恢复。据琼斯夫人（Mrs. M. C. Jone）报告，一个小孩子已经养成了对兔子发生惊跳反应了，但当他进餐的时候，把兔子放在室中一隅；过了一天，把它移近他一点；又过了一天，更移近一点；如此连续数天，则小孩子见了兔子，不但不发生惊跳，反用手去抚弄它了。像这样对兔子不再引起惊跳的反应，便是去条件反射，而恢复其抚弄的反应，便是再条件反射。所以，学习不外为条件反射、去条件反射、再条件反射的种种过程。去条件反射与再条件反射之成立，又可看图 6.3：

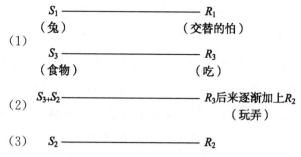

图 6.3 去条件反射与再条件反射

很显然，行为主义者提出的这种条件反射，是会引起人们从根本上发生怀疑的。因为，在技术上，他们已经忽视了其它一个有关系的反应，即对于大声而引起的原来的反应。如果仍以巴甫洛夫的狗为例，狗在实验之前对于铃声如果是以转头倾耳等动作来反应的，则这个反应必是对于食物已经条件化了，正如流涎之对于铃声而条件化一样。条件反射原有两个方面，现在已有实验的事实做证明。例如，同时用两种特殊的刺激引起两种特殊的反应（如瞬目或膝跳反射），经过多次之后则其中任何一种刺激都能顺利地引起它本身原有的反应及原为另一种刺激所引起的反应。这种结果使我们对条件反射要重新作如下解释："当复合刺激曾引起某些反应后，复合刺激的一部分也可以像复合刺激一样，引起全部的反应。"这种解释源自霍林沃斯①（Hollingwoalth）的重整作用律②（Law of reintegration）：一部分复合的前物，会引起以前全部的复合前物所引发的全部后果。例如复合的情境 ABC 曾多次唤起全部的活动 xyz，后来

---

① 原文为"荷林渥士"，今译"霍林沃斯"。——特编注
② 原文为"复原律"，今译"重整作用律"。——特编注

则一部分情境如 A 也足以引起 xyz。

不过无论如何，这种条件反射过程仍然离不了"联合"这一概念。即以刺激与反应而言，确实如桑代克所说的那样，是建立在刺激、反应的联结（S—R）这一基础之上的。有人为的刺激以后，则学习的过程便又成为联结一定的刺激与一定的反应这一对立的过程了。所以，用这样的方式来说明学习过程，完全是机械的，对学习本身毫无意义可言。如果单从刺激方面来看，这又是天然的和人为的两种刺激的联合，而这种联合同样也是一种机械的说明，只是旧式的"由接近而联想定律"（Law of Association by contiquity）之重演。如学习李君的姓名时，便使李君与其姓名联在一起（当李君站在学习者面前或学习者想念李君的时候，你就说出李君的姓名），即使李君与其姓名接近。

其实，如果照格式塔学派看来，这种联合的过程，也未尝不可以用情境中各部分的关系及学习者本身来加以说明。狗最初不流涎，小孩最初不怕白兔，这是因为他们不知道或没有人告诉他铃声是食物的预兆或白兔是危险的。及至闻铃声时发现伴有食物，狗就流涎了；及至见白兔时发现伴有大声，小孩就惊跳了。这是因为，他以为铃声就是表示食物来临的东西，或以为白兔就是大声或产生大声的东西——符号或象征。所以，使情境中各分子（Elements）发生关系而成为全体（Totality），又使人对于这种关系能顿悟地发现出来，这在所谓条件反射过程中是极其重要的，而且必须补充说明的。

由此看来，上述三种学习方式，试行错误与条件反射都忽视了学习者本身的重要性。表面上，它们虽然也可以解释一部分事实，但如果不加科学的修正，到底难免出现破绽，不能自圆其说。归根到底在学习的过程中，学习者本身的意义是不容忽视的。因此，教学的原则，必须以此为根据。大凡在学生学习时，首先须看清楚他的能力、程度、经验种种情形，才可适当地决定其学习的具体内容或其学习的情境，否则将使他成为桑代克的饿猫了。其次，必须指导学生能有机地发现全体的情境中各部分的关系，识别其中与他的目的有关的细节，并知道以这种发现和识别去达到他的目的。离乎此或反乎此，包括机械的盲目的学习，都是没有多大价值的。

第七章　学习的定律

在学习上首先建立定律的是桑代克（Thorndike）。如前章所述，桑代克关于学习的中心理论是：学习的过程为（一）刺激或情境与反应联结的过程，（二）试行错误的过程。他从该理论出发，建立了三条学习定律。为便利起见，先从这三条定律说起，然后逐一加以批判。

桑代克的第一条学习律是练习律（Law of exercise）。此律可以分四点说明。

第一，若其他条件相等，则某一情境一旦引起某一反应，将来此种引起的趋势便因此强固，就是说一个情境与一种反应间的联结①一经习用，此联结的力量便因之强固。此为习用律（Law of use）。

第二，练习的效果是因练习次数的增加而逐渐提高的。所以，若其他条件相等，则某一情境引起某一反应的次数越多，

_____

① 原文为"联接"，今为"联结"。下文中的"联接"均改为"联结"。——特编注。

情境与反应间的联结就越强。此为多因律（Law of frequency）。

第三，一个情境与一个反应之间的联结如在较长时间内不加习用，则此联结的强度便因之减弱。此为不用律（Law of disuse）。

第四，联结的强度因不用而减弱是一个逐渐的过程。所以，若其他条件相等，则情境与反应间的联结形成后，越早加以练习，联结便越强。此为近因律（Law of recency）。

由此知练习律的要点，归结起来不外为：习用则联结逐渐增强，习用的时期越近则联结越强；不用则联结逐渐减弱，不用的时间越长则联结越弱。一句话：有练习则情境与反应间的联结增强，无练习则减弱。所以在应用方面，无论是教人读书、算数、记事、打字、解题，还是培养其他各种习惯和兴趣，欲增进教学的效率，就应当让学习者多练习适宜的动作，避免不适宜的动作。我国古语所谓"熟能生巧"，也说明了这条定律的一个侧面。

桑代克这一练习律的生理依据，源于神经元间触点抵抗力（resistance of synapses）逐渐减弱的假设。神经构造是富于可变性的。感觉神经流最初被神经元抵抗力所阻，虽不能通过神经通路以达于筋肉，但一串神经元若经运用以后，其触点可逐渐发生变化，即抵抗力减弱，使神经流容易传达，形成一定的神经通路。同理，神经元若不运用或久不运用，当然会使传达失效或传达作用发生障碍了。

桑代克的第二条学习律为效果律（Law of effect）。即其他条件相等时，一个情境与一个反应间的联结，若伴有或随有令人满意的结果（Satisfying），则联结力量增强；反之，若伴随烦恼（Annoying），则力量减弱。这里所谓满意，是指如饥饿时进食、压迫之下得到自由、射中目的物等被认为是"对的"，或为他人所赞许等而言。而所谓烦恼，即指电击、禁闭、饥饿、责难、失败、羞耻，或被人认为是"错的"等。

桑代克这一效果律，很显然说明了在学习上满意的结果可使情境与反应间的联结增强，烦恼则使联结减弱。所以，如果我们先后叫甲乙丙三个孩童进到房间来，给甲童食物，乙童什么也不给，打一下丙童，则第二次再叫他们进来时，甲一定会来，乙也许会来，丙却决不可能来了。

又照此定律，如果反应的结果满意，则该反应有再发生的趋势；若结果令人烦恼，则反应有消退的趋势。所以学校内或家庭内所施行的奖罚方法，就是利用效果律。它使学习者再作应有的反应，而消灭其不应有的反应。不过实行奖罚的时候，应当注意的地方还有很多。例如奖罚应即时执行。当小孩子折了美丽的花枝或私拿了别人的东西，如要打他的手掌以示惩戒，则必须在发现这些行为时立即打他手。有些父母明知道小孩子做了错事必须惩罚，但因为在朋友面前不便执行，往往等到事过境迁后才来执行，这是会使小孩子感到莫名其妙的。关于奖罚问题，比如消极惩罚不如积极奖励，物质奖励不如精神奖励，奖励个人不如奖励团体，等等，都是作为教师或父母所不能忽视的。

桑代克此律，很显然地是建立在他的饿猫脱迷笼实验上的。饿猫不成功的乱动之所以渐次被淘汰，而成功的活动能永久保留，照他看来，是因为成功的活动是满意的，不成功的是烦恼的缘故。

最后说到桑代克的第三条学习定律，这就是预备律（Law of readiness）。这条定律说，当情境与反应之间的联结事前有一种预备状态时，联结实现则感到满意，否则感到烦恼；反之，当此联结不预备实现时，实现则感到烦恼。桑代克这条预备律是为补充他的效果律而提出来的。迷笼中的猫，如果是因为饥饿而正在准备求食，一得到食物，便感到满意；如果在饱腹状态，没有求食的预备，则虽看见食物也不活动了。

把这定律应用到教育上也有许多实效。例如，儿童很盼望做某种工作时，让他做，他就感到满意而容易成功；禁止他做，他便烦恼如有所失。又如，允许孩子做有兴味的工作，他能感到满意；强迫他做无兴味的工作，他便感到烦恼了。

预备律及效果律在桑代克看来，亦与所谓的触点抵抗力有关。因为预备能影响活动者对活动的感情，有预备则感到满意，神经通路因此可顺畅无阻；反之，若没有预备则感到烦恼，神经通路便发生滞碍了。

以上是桑代克的主要学习律，其他次要的副律有五条。

一为多重反应律，即有机体对同一情境能作许多种可能的反应，如学习时，先尝试多种反应，然后才选择其中一种最适宜的练习。

二为反应取决于心向态度或气质（Responce by set, atti-tude or disposition），即在某种情境下，有机体作何种反应及其对所作的反应感到满意还是烦恼，受到当时的心向或态度影响。

如迷笼中猫之饿或饱，就是一个重要因素。

三为部分活动律（Law of partial activity），即情境中一个单独分子能规定反应，或有机体的一部分能对情境产生反应。例如，我们在森罗万象中，往往选出其所应当反应的去反应。

四为类化或类比律（Law of assimilation or analogy），即有机体遇到一种情境时所作的反应，常与他以前对相似的情境所作的反应相类似。如以前吃过红色的糖，现在看见一块红色木片也要引起唾液的反应了。

五为联结变换律（Law of associative shifting），即甲情境所自然引起的反应，可变换为乙情境所自然引起的反应。如果儿童同时遇见这两种情境，即可发生条件反射（Conditioned response）的现象，这可说是条件反射变相的说明。

此外行为主义者西蒙斯（Symonde）以条件反射（Conditioning）为中心，亦定了二十三条学习律出来，因为篇幅有限，这里就不再详述了。

桑代克的三条学习律，表面上虽为许多事实所证明，但细加考察，缺点甚多，兹逐一说明于后。

首先，在练习律上，就有许多与事实不符的地方。例如，单有反复的练习，学习亦未必有效。据哈特曼（Hautman）报告，有一个学生常把"I have gone"写作"I have went"。有一天，教师留他在教室内连写"I have gone"五十次，希望纠正他的错误。但写完后当教师一离开教室，他便在纸上写着"Dear sir, I have went home"。可知，只有反复练习，也不一定是有效的。这是因为刺激反应间联结的增强，并不是光靠练习的，还需有其他内在因素，如存心学习之类。

从相反方面看，负的学习亦可得到正的反应。据邓拉普（Dunlap）的报告，有一个人打字时常把"the"打作"hte"。后来使他故意反复练习这错误的反应，竟能把错写消灭了，即常打"hte"而改为正确的"the"。这是因为，在这种情形之下的练习并不是盲目的，学习者已经认识到了自己的错误，知道这是在故意练习一种应当矫正的动作。所以，这种负的练习必须用洞察力（Insight）才可解释得清楚。

由此可知，要想学习有效，并非单纯使学习者练习其正确动作并防止错误动作，就可以实现的。有时，错误的练习未必无益，而正确的练习也未必有补。贤明的教师须善用之。

其实，在桑代克自己的猫的实验中，也已发现了某种反应的次数虽多，该反应却消失了；其他某种反应的次数虽较少，但反应却被保留。如果以 A 代表失败的动作，B 代表成功的动作，在 A 后必有 B 出现，但 B 后则没有 A。如 AB ABB AB B ABB AB，这样共成为五 A 八 B。但桑代克的实验则不能用此说明，因为猫失败的次数远较成功的多，如 AAAAB，AAAB，照理应该是失败的动作越强了，但结果却是成功的保留。又近因律也同样不能解释此类实验现象。如第一天为 AAAB，照近因律的说法，第二天开始时应该为 B 了。但事实上不是 B，而仍是 A。

此外，我们还可看见练习终了时的反应并非练习开始时的反应。例如，动物学会了走迷宫后，其每次的走法，路线虽同，动作却极不一致，有时直前，有时跳动。又如桑代克的猫学会用爪开门后，竟能用鼻子去开门。这就说明，动物虽再做大致相同的行为，但未必复演绝对一样的动作。所以情境与反应间对应的机械的关系是不能成立的。格式塔学派用顿悟原理去解释动物的学习，即足以纠正桑代克机械的解释的偏颇。事实上，单纯的重复练习是无补于进步的。练习之所以有效，是因为有意志、目的、注意、观察等主观的条件相伴而行。如果缺乏这些因素，练习是无效的。

至于此律在生理上的假设，也是令人难以深信的。因为触点之有无固然是一个问题，而触点是否已经安排好更成问题了。所以，这种假设仍然是缺乏充分的事实根据的。

总之，桑代克的观点，从根本上来说，是一种机械论。他认为行为是由许多原素——反射结合而成的，因而欲把刺激与反应间对应的机械关系（如反射）在复杂的行为中应用，故结果有这样的错误。其实，行为正是整个有机体的动作。

其次，在效果律方面，桑代克欲以满意或烦恼来解释有机体的反应，也未必尽合于事实。例如，按照莫斯①（Moss）在白鼠实验上所得的结果，一个动物常不顾烦恼（抵抗力的结果）而持续活动以达到某种目的。如白鼠为要取得食物或性的满足，在实验箱中虽遇强烈的电击，也忍受痛苦，勇往前进。又在人类的生活上，往往有赴汤蹈火、不怕一切以达到目标的行为。烦恼很难阻止人去重复反应，除非他是一个机械。照格式塔学派的意见，动物对于反应或刺激之所以有选择（如猫在迷笼中

---

① 原文为"摩斯"，今译"莫斯"。——特编注

选择成功者），是与找寻目的（Goal seeking）有关系的。动物往往舍弃那些使它不易达到目的的反应，而选择一些易于成功的反应，由此可知，只有目的或顿悟原理才是解释这种行为的锁钥。

另外，曼济斯（Menzies）在关于愉快、不愉快、平淡三种经验中哪一种印象最深的实验中，也发现有同样的结果。他用男女大学生五十人为对象，使每人叙述前一日某种经验，如考试、宴会、旅行、恋爱……一星期后，让他们再叙述一次，再过三星期又复述一次。三次叙述皆注明其感情的强度（最愉快的以＋5，微愉快的以＋1，平淡的以 0，不愉快的以－1，最不愉快的以－5 表示）。实验结果表明，第一，愉快、不愉快及平淡三种经验的再生次数无重要的差异。如果感情的强度增加，则再生的次数也随着增加。第二，愉快、不愉快及平淡三种经验的每次再生的百分数也无重要差异，如果感情的强度增加，每次唤起的百分数也有增加的趋势。由此可知，日常经验所唤起的次数，只和感情强度有关，而与其性质——愉快不愉快无关，这样，效果律不能解释这种事实又是很明显的了。

至于预备律，严格地说，只是效果律的一个注释。所以，效果律发生破绽时，预备律自然也就成问题了。

最后，从综合方面看，在桑代克这三条定律中，开首一句总是说"其他条件相等"，这就是说他只看见一个条件对于事物的影响，而没有顾到其他条件，若其他条件永不相等时（事实上也是如此），这些定律岂不是永没有实际应用的可能吗？桑代克机械论的观点，有如此者。

　　既如上述，桑代克的学习律有许多缺点，因此现在各派心理学者——甚至桑代克本人——皆群起而反对或修正之。就一般的趋势而言，行为主义者是反对效果律的，但却着重练习律，因为多因及近因是试误学习中的选择原理，是记忆最有效的因素。行为主义者之所以着重练习律，自然是因为机械的说明极合他们的口味；至于反对效果律，则是因为快乐、痛苦等感情是属于主观的东西，客观心理学者决不能接受以这些东西为解释的根据。所以，在西蒙斯的二十三条定律中，效果律也没有一个位置。至于桑代克本人则与行为主义者恰好对立，他现在已知道多因律不足以解释学习上的问题，多次练习虽有若干作用，但有时也没有效果，所以，在《人类的学习》（*Human Learning*）一书中特提出系属原则（Principle of belonging）作为补救。所谓系属原则，就是说情境与反应间的联结或情境中各分子之结合，不能单靠练习（相继发生）的次数而决定，必须看二者彼此间在性质上是否相系属。二者相系属则较易发生联结，否则虽有多次练习，仍没有效果。他这系属原则是通过许多实验才发现的。例如，用一定数目的人名编句子，使某些部分有相当的系属如："张三及其妹吃得很快，李四及其弟很少外出……"之类。向被试宣读十次，然后问他们在什么字之后有什么字相随。就重复的次数而言，"快"、"李"与"李"、"四"是一样的，但前二者是不相系属的（因为"快"属于前句，"李"属于后一句），所以结果正确的百分数只为 2.75%，而后二者是相系属的，则为 21.5%。这个实验显然表明，有系属者，其联结的力量大。所以，学习是不能单靠练习的了。

又如把字和数字合成的对子（每一个字后有一个数字）如"废九一，谜一七，舞六二，……"之类排列一长单，读过一遍后，让被试写出某一个字后相随的数字或某一个数字后的字。结果也发现，前者正确的百分比平均为 37.5%，后者只有 0.5%。同时，系属性较大的即使反复的次数很少，联结的力量却增大，正确反应的数目也差不多可以增加两倍。

桑代克在强调这种系属性时，并未忘怀其效果律。据他看来，两件事物之间虽已有系属性，联结还是很慢的，必须再加上另外一种东西，才能加速其学习，而这种东西便是所谓结合的遗效（After effect），亦即效果律中所谓的满意与烦恼。

不过，桑代克的系属原则虽然放弃了绝对的机械论，但这种放弃仍是不彻底的。因为，他所谓的系属性仍然把两种刺激当做孤立的事物，忽视了全体性的情境。即系属性只是由两个各自孤立的事物借偶然的联络造成，并未以整个情境的全体性为根据。这种看法自然又是从桑代克的根本思想得来的，因为他认为刺激之引起反应，这些刺激必须先从外面联合起来或配合成为整体，所以他虽承认整体，但这整体只是结局（由许多刺激联合而成的），而忽视了整体既是结局，也是起点。由此看来，系属原则之于练习律，在基本观点上仍然一致。

因此，格式塔学派对于桑代克的学习律，遂加以深切的批判。他们认为，像桑代克的联结论这样把学习看成是联结情境与反应的过程，在事实上并不存在。组织或格式塔（Gestalt）在知觉活动中是早已具备好了的，知觉与学习在于发现已经存在于某一被知觉的经验全体的原素中的关系。因为发现（Discovering）是学习的要素，所以学习必须在观察活动的过程中进行，即在顿悟的过程中进行。

　　但格式塔学派并不完全否认练习的功用。他们认为组织或格式塔如果是良好的、紧密的，当然无需练习；但如果本来是不太良好、散漫的，则有待重复的练习，使其变成较紧密的组织。如对一串无意义的字音，需连续重读多次，便有类于此。不过虽说连续重读，也要存心去学会它，即必须利用有关系的组织，如读成高低抑扬造成节奏段落，或杜撰字义等，才可以学会。因此，学习的中心，仍脱不了观察的发现的活动。这一点在第五章讨论记忆时已经提到过了。

　　由此可知，桑代克的学习律在历史上虽然有过不可磨灭的地位，但因为它根本上是机械的，遂至有未尽合于事实的地方，所以每一个贤明的教师都应随时留意，透过现代科学的批评的眼光，然后才可应用。

第八章　学习的进步

无论哪一种知识或技能，在较长时间的学习中，因内外情境的影响及反复练习的结果（这些学习的条件将在第九、十章说明），学习者的学习速率会提升，时间、精力或错误减少，即表现为学习的进步。然而，学习一种知识或技能，其难易程度并非总是前后一致：有的先难后易，有的先易后难，有的前后易而中间难，或前后难而中间易。同时，学习者本身的能力也常有出入。因此在进步的过程中，进度也有快有慢，参差不齐，即，有时速率前后一样，有时前快后慢，有时前慢后快，有时前后快而中间慢，有时前后慢而中间快，有时快慢相间，情形不一。如果用一条曲线简单、明了地表示这种种不同的进度，该曲线，就是所谓的学习曲线（Learning curve）。

最先创用这种学习曲线以表示进步情形的，是布来恩（Bryan）和哈特尔（Harter）二人。虽然他们当时研究的只是关于收发电报的学习，但此后学习曲线广泛应用到了一切学习研究中。画一条学习曲线，必须有两种事实：一种是学习的次

81

数，如学习了几次、几天或几小时等；一种是学习的结果，如错误的减少、时间的节省或品质的优良程度等。为表明前一种事实，可先画一条底线，按照情形分为若干等段，以每一段代表一次的学习；为表明后一种事实，又在底线的左端画一条垂直线，同样以每一等段代表学习结果的一个单位。底线和垂直线画成后，可按练习的次数和结果所示的分数在两线的各交叉点上作一符号，然后再把各点联成一条线。我们细看图8.1，便可以明白了。它是关于打电报练习的。

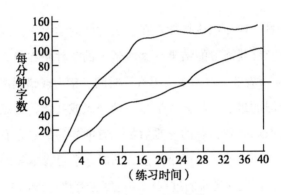

图 8.1　打电报学习曲线

但上面所示的学习曲线，并不能完全代表一切学习的进步情形。因为每个人的学习进度不同，各种学习本身的进度又极不一致，所以表示这种种差异情形的学习曲线的形式也各不相同。不过在种种差异之中，也可以看出四种较为普遍的形式来，如图8.2所示：

第一种为直线式（Straight line），这是表示进步常保持一定的速率，即在整个学习过程中，进步的快慢保持前后一致。

第二种为凸线式（Convex），这是表示进步情形先快后慢，即开始时所有的速率快，然后逐渐降低，最后变成直线，毫无进步。

第三种为凹线形（Concave），这是表示进步情形先慢后快，即开始时所有的速率逐渐增加，而终有大量的进步。

第四种为凸凹线相间连合形（Convex-Concave），这是表示进步快慢相间，整个过程成一种波动式。

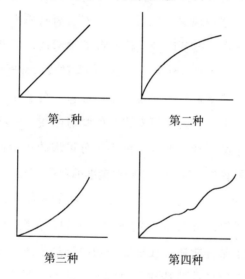

第一种　　　　　　　第二种

第三种　　　　　　　第四种

图 8.2　四种学习曲线

上述四种形式中，实际上第一种是很少见的，它或者只是一条长曲线中的一个短段。第三种亦然，除了在游泳及抛球时（当以尺码及所抛的球为测量的单位时）表现外，亦不多见。第二种和第四种最为普遍，不论在哪一种技能上都容易发现。关于第二种，这大概是因学习开始时兴趣浓厚，情绪热烈，工作格外努力，而且初步的工作多为简单的，易于养成习惯。虽说是先快后慢，但在最初的时候，进步亦总是不很大的；这大概因为学习开始时学习者的注意力难免会分散到学习方法方面，所以必须经过两三次练习，学得方法，打破了一切困难后，速率才大有增加。如果学习者对于所学习的事项毫无经验，则最初的进步可能只有最少分量成为凹线形，然后才逐渐变成凸线形也未可知。又第四种波动的现象，在一切上升的曲线上皆有短期的表现。这种现象如此普遍，自然也有其原因。例如，个人的兴趣、注意、准备以及生理状况波动起伏，环境的安定与扰乱的变化，工作本身难易的变动，都会造成这种现象。

不过上述曲线，只是就技能学习而言。至于知识方面（如历史、地理、卫生、公民等知识）的学习曲线，虽然也有人如桑代克等主张第三种，但至今尚无十分可靠的实验根据。因为在这方面的材料中，我们不能确定精准的单位。

其次，学习曲线虽然很难一致，但我们若将它们的内容加以分析，仍可发现几种共同的现象。例如，在繁难的学习中，学习进步到了某种阶段，往往有一短时期速率忽然变慢，或完全停止不进，因此曲线造成暂时的水平状态，既不升高，也不降低，此即所谓高原现象（Plateau，心理学的一个专用名词，指的是一个人在学习过程中的停滞状态，无显著进步，无法减少错误，等等），最初也是布来恩和哈特尔发现的。学习进入高原时期，学习曲线所表示的进步虽然迟缓，甚或完全没有进步或反而退步；但过了这一时期后，必又发生迅速的变化，曲线突然上升，又恢复了常态的进步。"山重水复疑无路，柳暗花明又一村"，豁然开朗，大概就是这种情形。凡是锲而不舍地治学的人，在治学中勇于攻坚的人，都可能遇到过这种情况。

高原现象的发生，有种种可能的原因：第一，学习者到了某一程度，能够应付目前环境的需要以后，往往便心满意足，不思努力进取。第二，活动到了学习进程中更困难的阶段，学习者不再能轻易获得进步。第三，学习者心理中途发生变化，兴趣消失、厌倦、灰心而不思努力（Swift 是这样解释的）或生理状况欠佳，疾病、疲劳、感官残缺，进步上便发生困难。第四，学习者得了一种不良习惯或不良方法，如阅读时停顿次数太多，停顿时间太久，写字时握笔太呆滞之类，都足以使进步停滞。第五，学习有时是有许多方面的，如正确、速度、整洁等。当学会了某一方面而转向其他方面，即着重点有改变时，必难有迅速的进步（Book 是这样解释的）。又中途如改用一种新方法，在未完全掌握新方法之前，常要经过不断的试验练习，因此亦难免影响进步速率（这是 Swift 和 Book 的共同意见）。正如屠格涅夫在他的名著《烟》中所说"由坏变好的过程，不是稍好，而是更坏"一样。但在这种意义之下，高原却可说是未来进步的准备，或由坏变好中间所必经的更坏阶段，所以此难关一过，进步便有迅速的表现了；而且这时的学习，其性质与此前是不同的。第六，学习到了习惯阶段上较高的一级，也可以造成高原的现象。例如，打字或打电报，低一级的习惯原是高一级的习惯的基础。即，最基础的习惯是字母习惯（Letter habit），而字母习惯是字习惯（Word habit）的基础，字习惯又是词语习惯（Phrase habit）的基础，余可类推。我们打字时，必须先分析字，按字母学打，等到字母习惯熟练后，由于熟而生巧，字习惯才能形成。此后又必须等到字习惯熟练后，词语习惯才能形成。如果不经过这样的顺序过程，而是直接在较低一级习惯尚未十分熟练之前，就去尝试较高一级习惯，要想取得进步，就较困难，而且很可能出现高原现象。这就是布来恩和哈特尔二人的解释，该解释今为多数学者所赞同。总之，由上面种种解释来看，我们可以得到一个概括的结论：只要是阻碍学习进步的因素，似乎都是产生高原现象的原因。

不过格式塔学派心理学对于这种现象，却另有一番解释。他们认为，高原现象的发生，是因为学习者不能以必需的心理过程和肌肉活动组成一个完满的形式（Configuration）。如上述的例子，即使已大体熟练了字母习惯，但当尝试着进入较高阶段时，也可能出现高原现象。可知这并非单纯由不熟练的字母习惯所致，而是因为字不仅是字母的组合，还自有其格式塔（Gestalt）。如果学习时不能完成这个格式塔，便难免造成高原现象了。

高原现象虽然很普遍，许多心理学者也相信上述各种原因都是事实，但并没有实验能够证明高原现象发生在所有的学习中。尤其是在简单的学习上，似乎只有起伏的状态，而绝没有高原现象。不过假如已发现了高原现象，同时又发现这是由于学习者缺乏兴趣和注意所致，则教师应该让学生暂时停止学习，或改变方法以求突破。如果发现它是因为工作困难或习惯和方法不良而引起的，则应该设法鼓励、指导学生，使学生克服困难改善方法，以求百尺竿头再进一步。

我们的各种活动，都是靠机体支持的，个人的学习能力，自然就要受到生理可能性的限制了。学习到了某一个阶段，因受生理的限制，虽一再练习也难有进步，这就是达到了生理的限度（Physiological limit）。生理限度现象尤其容易出现在技能学习中。生理限度现象与高原现象不同，高原状态是可以逾越的，而生理限度却不可逾越。达到生理限度后，学习曲线就永远成为水平线的状态了。例如，就打字和赛跑的学习而言，由于这些活动的速率是以神经肌肉的结构及其对反应的控制力为基础的，所以无论怎样学习，一个人也不会在一分钟内打三百个字，或在六秒钟内走一百码（最快也要九秒多钟）。此时若以数量来表示成绩画学习曲线，只呈现一水平线而已。又如学习知识科目时，一个人因受其固有能力的限制，大概到了十五至二十五岁之间也同样会达到最高点（参阅上一章桑代克的学习曲线），而不再有进步了。当然，这种限度主要适用于理解各种关系的能力，而不是指一个人所得的知识的数量，虽然此二者互有关联。

抵达生理限度的难易程度常常受到活动性质的影响。大抵简单的运动，限度低而容易达到；反之，复杂的运动则很难达到。所以，站在教育的立场上，教师不必使学生多费时间去练习简单的工作，而对于复杂的学习则需多加练习。又，生理限度经常因人而异，由个人的反应时间而定，这也是教师不可不知的。

虽然如上所述，生理限度在技能学习上较易发现，但事实上很少人会达到这种限度，而知识方面的生理限度比技能方面的更难于接近。所以我们常做某种活动，有时虽然长时间没有进步，但未必就是完全达到了生理限度，也许他遇到的困难只是一个高原罢了。同时，假如有人一发现自己好久没有进步，就以为是达到了生理限度而不愿意再努力求进，那就完全错了。实际上我们进行一种活动，必须常有浓厚的兴趣、不断的努力，且经过相当长时间后，才可能达到生理限度。所以，除了在实验室里和运动场上的活动之外——因为有一定条件控制——很少活动能达到此限度。而普通人当工作有了相当进步后，便心满意足、不求再进，或遇到困难而没有改善的指导和鼓励，以致他缺乏适宜的方法而不敢向前挺进，都是他们长期不能进步的原因。这时做教师的决不能认为他们已达到生理限度，而应当设法加以纠正。关于生理限度的抵达情形，可看图 8.3。

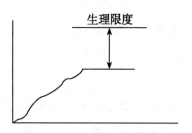

图 8.3　学习进步中生理限度的抵达情形

然则抵达生理限度何以如此困难呢？这当然也有种种原因。社会习惯的影响，便是其中之一。我们学习各种知识和技能的目的是满足实际应用。因此有机体普通肌肉的活动，往往只达到实际应用的限度。其次，学习的东西太多，也是使我们顾此失彼，而难于达到生理限度的一个原因。再则，生理限度难以抵达与学习递减律也有很大关系，即学习到能够应用的程度，学习者就认为已经学会了，无须再学，所以此后学习层次越高，而进步越慢，出现了递减的情况。

又，完成一种工作有时有好几种方法，各种方法似乎又各有其生理限度。上述所谓高原现象，可能就是某种方法的生理限度所致。当方法改善后，学习便又突破高原而有新的进步了。两者颇值得我们从整体上加以理解。

上述第三种学习曲线形式即凹线式虽不见得很普遍，但就其整个趋势而言，意义着实重要。如果用时间表示进步的速度画出学习曲线，常可发现一种突然降落的现象。我们以耶克斯（Yerkes）的猴子学习选择东西实验为例加以说明（见图8.4）。我们试看下面的图8.4，练习五十次至二百七十五次之间所需的时间都不见得有很大的差异；但由二百七十五次到三百次的时候，曲线就显示从很高的地方突然下降了。

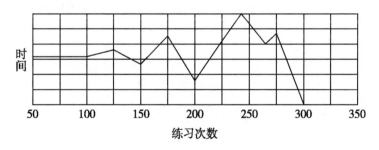

图 8.4　学习曲线上的突然降落现象

这种下降所示时间的减少，即是错误减少的表示，而错误的减少，又是进步的表示。这样的进步之所以获得，一定是因为猴子在学习过程中已经达到了另一阶段。换言之，猴子选择东西，初时虽有许多尝试的活动，出现无数的错误，但经过多次尝试而领悟了其中的关键后，错误便骤然减少，出现迅速的进步。所以这种学习曲线上的突然降落现象，可以与以前所讨论的学习的方式互为参照。

总体而言，一切学习曲线，虽都有向上高升的趋势，但其间短期之或升或降，形成高低不平的波浪式或锯齿状，却是最普遍的。这意味着学习不是绝对地一直进步的，在进步之后，常有小小的退步。我们上面所列出的四种曲线，完全是为了便利比较而成，事实上都很少有如此平顺的现象。因为一个人学习的环境时有顺逆，学习的材料前后有难易，学习者本身的身心条件亦常有变化，在长期的学习中怎能使进步始终如一，丝毫不发生差异呢？

第九章　学习的主观条件

所谓学习的条件，就是指使学习过程发生变化的种种因素。我们若明白了学习在什么条件之下容易进展，在什么条件之下易受阻碍，便可以设法控制条件以增进学习的效率。所以，对于这些条件的了解与研究，在学习上有很大意义。

学习的条件，通常可分为两大类：一为主观的条件，即学习者自身所有的种种条件；一为客观的条件，即学习者自身以外的诸种条件。在这一章中，我们先来讨论前一类。

学习的主观条件，可分为心理的与生理的两方面。属于前者的，有动机、兴趣、注意、情绪、态度、经验、习惯等。属于后者的，有身体的健全、疲劳、睡眠、营养、年龄等。当然，这种分类并不是绝对的，只是为了讨论上的便利而已；同时，为了篇幅起见，我们也不能对每种条件都进行详细论述。现在先从心理方面说起。

（一）动机

动机是什么？勒温（Lewin）认为动机是一种需要，由需要引起一种紧张的心理状态，使有机体不得不有所活动，以松弛这种紧张状态而恢复心理的平衡。盖兹（Catos）则认为，动机是一种有持续性的内部刺激，此种刺激一经发生，就使有机体感到烦躁不安，不得不活动加以解除。现在我们姑且不问动机在学理上究竟是什么，仅从其作用方面看，大家公认，动机与其它外界刺激一样，同为引起有机体行为的力量。因此，在推动学习方面，动机就成为一种重要条件了。

我们从心理学的角度谈学习，为的是让学习者能主动学习。因为只有主动，才是学习的真正推动力，才能得到实在的学习效果。所以，在教学法上有一条重要的原则，就是激发人们的学习动机。人们一经引起了学习动机，就能继续主动学下去，无须他人频频推动。那么，如何才能让人主动学习呢？这至少有两个条件：一为适当的外界刺激，一为有力的内部动机。动机与刺激在引起行为上的关系，可以饮食为例来说明。在饮食上，食物是刺激，饥饿是动机，但两者皆不能单独引起真正的饮食行为。食物没有摆在面前或未到口时，饥饿的人固然不会有饮食行为；而人不饥饿时，虽有食物在前亦不能食而甘其味，所以饮食行为只有在饥饿而且又有食物在面前的时候才能引起。在这种意义下，动机可说是与刺激交互作用而引起行为的。不过，有时虽然没有食物，饥饿动机也能引起一种寻求食物的行为，直至达到目的为止。所以要引起一种主动的行为——在这里是主动的学习，决不能不重视适当的动机。适当的动机，加上适当的刺激，则学习之发动，必如水之就下，莫之能御了。

由上可知，要引起学生主动的有效的学习，必须使他们产生强烈的学习动机。然则如何才能使他们产生这样的动机呢？

首先要注意的是目的。目的之于动机很重要，因为目的常能促使学习者全力以赴地工作。例如，一个人为着明年留学英国而学习英文，或为着明年投考中学而准备算术，其努力程度必定比无的放矢者的大。通常许多人的学力商数（Achievement quotient）之所以未能达到顶点，就是因为他缺乏一个明确坚定的学习目的。所以，要达到目的就是主要的动机，而要引起学生的学习动机，必须先让他们有一个学习目的，或明白目的之所在。

其次，要使学习者产生强烈的动机，除了注意目的之外，更须注意学习者的兴趣。有了浓厚的兴趣，人们便能主动地努力，不需外来的驱策了。然而如何才能使学习者产生兴趣呢？

所谓兴趣，原是一种愉快的情调（Feeling tone）。一般来说，我们对能满足自身各种需求的活动，都是有兴趣的。所以兴趣与活动的成败有关。它既是成功的原因，也是成功的结果。兴趣既然是从成功的活动上产生的，因此要引起学生学习的兴趣，首先就要注意他所学习的材料是否与他的能力相当。这里所谓相当，指他恰能达到成功的程度而言。因为太难的材料，只能引起失望与失败，固然无味；而太容易的材料，一看便知，也未必有趣。兴趣常是从困难中发生的，只要他能克服困难，则苦过甘来，自然津津有味了。

此外，兴趣的产生，有时是由于学习者明白工作或学习材料有意义，或者明白某项工作和自己的生活有关系。所以，当今的教育应该尽可能在生活情境中进行。而设计教学方法及生活教育等必须适于学习需要，也是这个缘故。兴趣的发展，常在学习者对刺激熟识之后。例如，农村社会的儿童，对于农事活动特别有兴趣，这也是教师不可不知的。从客观上看，兴趣有时又是与其它因素相联系的，这更应当引起教师的注意。例如，学生对某学科产生兴趣，有时不是真正对该学科本身有兴趣，而是对该学科的教师有兴趣。人格对他人的影响如此重要，亦不能不注意。

最后，动机也常常可以由外诱（Incentives）引起。前面说过，人不饥饿时，虽有食物在前而不能甘其味，但人虽不饿，有时也可以设法引起食欲。例如，小孩子吃饱了点心以后，谁都知道他不想再吃饭了，但是，如果你告诉他，吃完饭之后可以得到一些糖果，则可能会促使他再吃一点饭。在这里，糖果就是一种外诱了。尽管此时的饮食出于勉强，并非因饥饿（自然的需要）而生，但也可说是由于一种情境而引起的。所以，外诱在引起动机方面，实在是一种重要的力量，应用到学习方面来，则更不消说了。在学习上，这种外诱种类很多。有的用物质的或非物质的报酬，有的用奖励，有的用惩罚。为明了它们的效力，现特将赫洛克（Hurlork）及柳巴[①]（Leuba）二人的实验结果介绍如下。

赫洛克实验算术练习时，以四年级至六年级的学生为对象，把他们分为四组。在第一组中，对于成绩优良的学生，宣布其名字，并加以奖励；在第二组中，则宣布成绩不良学生的名字

---

① 原文为"勒巴"，今译"柳巴"。——特编注

并加以斥责；在第三组中，既不奖励，也不斥责，任其自然，只让他们听到其他同学的奖惩；在第四组中，也同样任其自然，但将他们隔绝一室，听不到他人的奖惩。这四组学生共实验好几天。结果第一组的学生进步最多，第二组次之，第三组只有很少的进步，第四组则毫无进步。

柳巴则是对各种报酬的方法做实验，如对于成绩优良的学生奖以某种物质，如巧克力糖；或奖以名誉，如升为学生组长；同时让他们预先知道自己的名字将会按优劣次序公布在黑板上。据他的实验结果，所有各种报酬，都可以促进学生的学习，不过名誉奖励比物质奖励更为有效。

我们看了以上两个实验，便可以知道，外诱之有无及其性质如何，对学习的成果是有很大影响的。所以，如果要引起学生的学习或要使他们的学习能得到最高的效率，则适宜的外诱，似乎也是必不可少的了。

（二）注意

注意是指一个人在一段时间内专心致志集中于某种特殊刺激所产生的反应。例如，演讲开始前，一堂或一群听众常常各事其事，思想一时未易集中。此时讲演者若能以适当的姿态、有节奏的语调、优美动人的声音在听众前表现，则他们必定能集中全部精神于他身上，而不再去想自己个人的事了。这就表示，听众的注意力已经集中到演讲者身上了。

在学校学习上，这种注意力更为重要。要使学习者专心于所学习的材料而不为其它刺激所扰乱，非要他集中注意不可。特别是在一种工作尚未成为自动化的习惯以前，要使工作者有高度的效率，注意更不可缺少。学生坐在课室内，杂念丛生，一心以为鸿鹄将至，则连教师的话都充耳不闻，还说什么效率？反之，倘若专心致志地听讲或自习时，则无论外界多少纷扰，也能无动于衷。

如何去引发学生的注意呢？首先，也如动机一样需具有目的。注意原就是一种集中的活动，但集中是有选择性的，一个人不可能对众多普通的刺激全都产生反应，而是选择其中一种作为目标集中反应。所以当他要解决某一个问题——要达到某一个目的时，便能看见其全身各部分肌肉紧张起来，全部心神集中起来了。像这样由于目的而引起的注意，通常称为有意注意，因为它表示的是一种行为有目的地集中于一种情境或一个问题上。

其次，兴趣在引起注意上当然也同样是很重要的。学生对于所学习的材料如果没有直接的兴趣，绝对难以主动去注意，即使注意也不能持久。所以要养成学生主动注意的习惯，而且要维持其较久的注意，非从兴趣上着眼不可。既有兴趣，则学习就如游戏，乐而忘倦了。

学生所学习的材料，除了对于他是有兴趣的以外，还应该是有意义的或跟他有切身关系的。因为，一个人常常对于自己容易领会的东西才会注意，假使贸然要他阅读一些难于领会的文学、艺术书籍，便不能引起学习、欣赏的注意。但在一种演讲或课文之中，如果穿插一些故事及例解，那就不同了。因为这些东西对于他们是很有意义或很切身的（对一个人自己的经验而言），所以最能集中注意。

引起注意的条件，外来的刺激有时也是不可少的。例如强烈的、新奇的、变动的、重现的刺激，显然都可以获取注意。只是这时所引起的注意，多少带有些勉强性，难以持久，且仅限于学校以内有教师督促的狭小范围。所以，教师仍以从目的、兴趣方面去引起学生的永久注意为佳。

（三）身体的健全

一切认识都以知觉为基础，所以能否获得知识以及获得多少，常依赖于基本的知觉的健全与否。如果知觉有缺陷，如生而盲视或耳聋的人，则学习的机会必然减少，而知识亦随之而贫乏。所以，从学习的角度来研究对知觉有影响的生理因素，是很重要的。这里所谓知觉，不仅指感官上所表现的视听等方面，而且也包含着统觉（Apperception）。不过，在学习过程中——尤其在学校内，则以视听二者的影响最大，故不能不首先加以注意。

学校内最常见的知觉缺陷是视觉方面的，例如远视、近视、斜视、眼球散光以及色盲等。我国虽无统计，但根据美国方面的报告，每百人中约占二十至三十人。色盲有全色盲与部分色盲即红绿色盲之分。全色盲者，只知明暗，不见颜色，其视觉世界纯粹是一片灰色；部分色盲者，红绿色亦视作灰色。全部色盲的原因，大概是由于网膜边缘的锥状细胞（此为感色细胞）缺乏。单就部分色盲的人数而言，在女人中虽极少，不到百分之一，但在男人中有百分之三或四。由于视觉有缺陷，儿童常出现头痛、反胃、对学习产生厌恶等现象，从而容易变为懒惰的人，所以教师不可不特别注意。要免除这些缺陷的发生，在环境方面，平时需注意教科书的适当印刷，学生坐立的姿势以及学习时的光线方向等因素。

听觉缺陷如耳聋在学校内也很常见。耳聋有种种不同的程度，大概完全耳聋的人有百分之三，其他部分耳聋的人则有百分之十至十二。欲预防此病，学校似应注意音乐方面的陶冶，例如养成对音乐的爱好及辨别音调等，可算是一种根本的办法。

关于其他身体上的缺陷，如牙病、喉病、鼻病、腺体病等，在儿童中亦不少见，而且都足以影响他们的学习效率。所以教师如发现学生有可疑的缺陷时，务必督促他们及早施行检查，加以治疗。

根据多次实验研究的结果，上述缺陷只是对学习的进步有所阻碍，尚无证据说明它们能够影响学生的智力商数。所以，如果治疗得法，是不难恢复其原有进度的。

（四）疲劳

我们如果持续不断地做一种工作或学习一种材料，效率一定会逐渐降低。以阅读为例，在第一小时内，读的分量最多，而且最正确；但至第二、三小时后，则不免稍减；若继续再读，则分量更少，错误亦多。这种现象，便因疲劳所致。疲劳的产生，是因为工作使有机体的营养物质消耗过多，不及补充；同时有毒的废物又积聚起来，不易排出。当肌肉经过剧烈的运动后，这种情形尤其明显。

疲劳通常分为两种，即身体的疲劳与心理的疲劳。前者是关于肌肉方面的疲劳，如打过篮球后全身肌肉的疲劳，写字过久手指所感觉的疲劳等；后者是中枢神经系统的疲劳，如思考或计数过久所感到的疲劳。但这种区分，并不是绝对的，因为实际上任何心理活动都不是纯粹的神经活动，多少有肌肉活动参与其中。计算、作文、朗读固不消说，即使是默读，也不免有眼球的跳动及喉头的微动。所以，心理疲劳与身体疲劳本无严格的区分，只是身体剧烈运动时肌肉的活动较多，容易引起疲劳，而心理活动时肌肉的运动较少，身体疲劳较难发生而已。也可以说，只要有机体工作时，有某种变化发生使其工作效率降低，即可统称为疲劳。

疲劳一经出现，就伴有一种当前行为不能持续下去的心理倾向，故对学习大有影响。不过如上所述，真正的心理疲劳不容易产生。据桑代克的实验结果，如果有适宜的刺激，人能持续工作很久而不致使效率大减。例如女学生每天连续做心算（用两个四位数相乘）十二小时，在前六小时中效率虽渐减，但到了后六小时则似乎不再往下减了。照桑代克估计，工作持续长时间后，仍可保持原有效率的百分之七十五。不过这样的持续不息，恐怕对健康不无影响，所以学校并没有使儿童连续学习过长时间的必要。

其次，所谓心理疲劳，往往是因为倦怠或厌倦，而后者又常是因为对学科缺乏兴趣或因教师教法不良所致。此时补救的方法，是科目或教法的变更。又，疲劳在性别上颇有差异，据有些教师说，女子，尤其是青春期的女子比男子容易感到疲劳，这大概是因为男子在生理上有较大的抵抗力吧。所以学校的工作，应当对男女有分别的适应规定。

此外，学校对于疲劳问题，更应该普遍地注意下列各点：

第一，学习时尽可能减少疲劳的加剧，如科目的配置要适当，学习态度及学习方法要妥善，环境要优良；第二，疲劳到了相当程度，工作必须停止，因此学习分量要按年级而适宜地分配，即一日及一周内学习时间的长短，时数的多少，一年中休息日的分配，都应有科学的规定；第三，以适宜的休养方法恢复疲劳，但最好还是在疲劳未发生以前休息，因为防止疲劳比恢复疲劳更好。至于休息时间的长短及如何分配亦要注意，而与此有密切关系的便是睡眠问题。

第十章　学习的客观条件

学习条件有主观与客观之分，前一章已经把主观条件略述过了，现在继续讨论客观条件。

客观条件可从两方面看，即方法与环境。关于方法方面的，有全体学习与部分学习、分散学习与集中学习、尝试背诵与纯粹习读、温习、速度、匆学、一天中的学习时间等；关于环境方面的，有设备、指导、空气、光线与颜色、噪音等，现在分述于后。

一、全体学习与部分学习

学习一篇文章或背诵一首诗歌的时候，我们把这篇文章或这首诗从头至尾地作全部的学习好呢，还是把它分成若干段落而依次作个别的学习好呢？对于这个问题，本无绝对的答案。因为在某种情形下，全体的学习固然优于部分的学习，但在另一种情形下，部分的学习却又胜过全体的学习。而有时又以采取折衷的办法、二者兼用较妥。

依据许多实验的结果，学习有意义的材料时，如果长度适宜，则全体法比部分法不但时间经济，而且保持也较久。下面的两个表（表10.1和10.2），便是派尔（Pyle）等人的诗歌背诵实验结果。前者表示时间上的比较，后者表示保持上的比较。

这里所谓适宜的长度，是以学习者能把握学习材料的中心观念或思想的单元为标准。每一篇文章或一首诗歌都有一个中心思想，各种有关系的材料皆集中于此而成一系统。在形式上全篇的结构如何，各段在全篇中的位置如何，上下段的联络如何，也常以中心思想为依归。总之，凡已组织好的、有意义的材料，都是有整个性的，如果能把握其中心思想，则用全体法时全部的意义自能联贯起来，各段不必另加工夫去取得连接，所以在时间上有所节省。而且又因为能全体地发现其中心思想及其派生的枝节，则在记忆上当然亦较为持久。

表 10.1　用全体法与部分法学习不同长度诗歌时所需时间的比较

行数	部分学习时间	全体学习时间	全体法所节省的时间
20	16′12″	14′17″	12%
30	27′23″	23′53″	13%
40	38′44″	35′16″	9%
50	48′31″	43′53″	12%
60	81′10″	60′38″	22%
120	168′55″	139′35″	17%
240	431′20″	348′00″	19%

来源：Pyle 和 Snyder 的诗歌背诵实验。

表 10.2 全体法与部分法学习保持结果的比较

回忆时间	全体学习所回忆（字数）	部分学习所回忆（字数）
学后一星期	40.6	26.6
学后两年	16.6	9.4

来源：Larguierdes Bencels 的诗歌背诵实验。

不过，若是学习一种无意义的材料（如无意义的音节）时，则全体法似不如部分法有效。这是因为，此种材料没有逻辑的单元或整个的连贯。又如，学习一组生字或一组数目（如乘法九九表），也因为它们本是许多独立的小单元，而无连贯的必要，所以，如果不要照一定的次序背记为目的，则部分学习亦似较全体学习更有利。

其实，各种不连续的小单元若勉强加以组织，使其构成整个的形式，应用时往往反而有不易分开的弊病，如上述的九九表，若老是照着一定顺序练习，以后分别应用起来就常会发生困难。如儿童初习乘法表时对"三七二十一"有时总说不出来，往往要追溯到"三六一十八"甚或"三四一十二，三五一十五……"，这样才能依次背出。反之，许多人对于二十六个英文字母"abcd……"，虽不能按顺序背出，但应用起来却丝毫不觉困难。有一次日本中学举行毕业会考，其中有一个题目就是默读日文字母，由第一个字母起按顺序到最后一个止，听说有不少学生不及格。但当他们个别地应用这些字母时，谁都知道是有顺序的适应的。对于九九表的练习，自然也不例外。

就动作方面而言，因为性质与诗文不同，也以部分学习较占优势。例如走迷津，柏斯坦（Pechstein）实验的结果，便证明了部分法的优点了。又柯哈（Koch）曾实验用两种方法学习打字，一种是两手分别练习后再同时打，一种是开始即用两手同时打，结果也是以部分法所得的成绩（即前一种）较好。

最后再以诗文来说，当材料太长、学习者能力太低或困难程度不一致时，纯粹的全体学习法也不容易见效。因为材料太长，或学习者能力太低（此二者互有关系，是相对的），很难把握全体，也不知中心所在，往往有顾此失彼之弊；又困难程度不一致时，如果一切材料皆以同等分量的时间去学习，则困难部分必不如容易部分那样学得好，而对于容易的部分却浪费了多余的时间，倒不如按其难易程度，分别加以适当时间的学习较为经济而有效。在这种情形下，我们最好采用一种折中的办法。那就是，先用全体法学习其全部纲要，略知全篇的大意及整个的系统，然后再用部分法分段练习，对于较难或不熟的部分多学几次，而对于容易部分则不妨减少次数。最后又加以连贯的温习，使整个的系统重现，牢牢保持。这种折中的办法，从表面上看来，是由全体到部分，再由部分到全体；但其实仍不失为一种变相的全体法。因为此时学习者不论用哪一种方法，都不能忽视了各部分对于全体的关系，也不能集中注意于前一部分而疏略了后一部分。

总之，所学习的材料如果有一个完整的形式，不能分成小单元的，当然以全体法为佳；若各小单元之间并没有系统的关系，则不妨用部分法。但仍须看材料的性质、长短、难易及学习者的程度等条件而分别加以折中。

二、分散学习与集中学习

现在讨论到学习时间的分配问题。关于学习时间的分配，有两种方法：一为分散的学习，一为集中的学习。前者是将时间分为若干次而学习，后者是集中在一次学习。如果我们在一定的时间内学习一篇文章、一首诗歌或者一种技能时，这两种方法中应以何者为较优呢？要回答这一点，我们最好先讨论下列两个问题。

第一是每次学习时间的长度问题。关于这个问题，以往的实验虽未能获得完全一致的结果，但大体上证明了在记忆、打字、计算、张弓等方面，是以二十至三十分钟最有效率的，若在三十分钟以上或不及十二分钟，都是不经济的。当然，性质与此不同的材料，如历史科目等开始即需要一种锐进的科目，则这样的时间长度就不合适了。对于年长者也可以把时间适当延长一些。第二个问题是各次间隔时间的长度。实验表明，大体上每次间隔三十分钟至二十四小时较为有效，同时各次所隔的时间也应大致相等。

由此可知，儿童学习一件事情时，时间不宜太长，而且学习过一次后，应隔数小时或一二小时再进行第二次的学习。应用这一结论，我们便有理由说，分散学习比集中学习较为经济。

分散学习不但在时间上较为经济，而且在保持上亦较优。据乔斯特①（Jost）用无意义音节作材料，让学习者每天读两至八次，共读二十四次，一天之后测验其记忆的成绩，结果如下：每天读八次，分三天读，甲得 18 分，乙得 7 分。每天读六次，分四天读，甲得 39 分，乙得 31 分。每天读两次，分十二天读，

---

① 原文为"约斯特"，今译"乔斯特"。——特编注

甲得 53 分，乙得 55 分。

又奥斯汀①（Austin）实验历史和经济两科目，使学习者读两至四页，共读五次，读法分为两种：一种是在一天内读完，一种是每天读一次，五天读完，在各种不同的时距内测验其保持成绩，得到如下的结果（二科合并的平均百分数）：

一天读五次，次日测验，正确率结果 66.00%。

每天读一次，分五天读，次日测验，正确率结果 64.40%。

一天读五次，两星期后测验，正确率结果 13.13%。

每天读一次，分五天读，两星期后测验，正确率结果 37.26%。

一天读五次，一月后测验，正确率结果 11.49%。

每天读一次，分五天读，一月后测验，正确率结果 30.59%。

总而言之，在一个指定的时间内学习一种材料，分散的方法是比较占优势的。所以，如果以七小时而言，与其每星期一次学习七小时，则不如分为每三天一次，每次学习三小时半；更不如分为每天一次，每次一小时了。但最好还是每天两次，每次三十分钟。不过每星期的时间如果只有三小时半，则最好仍是每天两次，每次十五分钟。分配时须从整个的时间着想，不要呆板。

当然，所谓分散，也有一个限度，不能说越分散就一定越好。首先要照顾到的，便是每次的学习时间不宜过短，如每次

---

① 原文为"奥斯丁"，今译"奥斯汀"。——特编注

把时间缩在十二分钟以下，很难期望有效。所以每星期若只有两小时的学习时间，则须在七天内进行分配，每天学习一次，每次十七分钟，而绝对不宜短于十二分钟。与其每次时间太短（十二分钟以下），不如把各次间隔的时间增长（甚至延长至四十八小时）。总之，过与不及都不是理想的时间。编学习时间表的时候，固须注意各科全部的时间，也要考虑各科的性质，经过通盘计算后，才可适当地把它们分配为若干次，散在若干日内。

分散的方法为什么会比集中的优越呢？这至少有两种解释。首先可用巴拉德（Ballard）的神经惰性说，例如让儿童学习一篇诗文后，当天加以测验，两三天后又再测验一次，则第二次所回忆的字句往往比第一次所回忆的多（恢复现象 Reminiscence），即说明第一次常有些字句受阻，不能如意回忆。这种回忆的阻碍到第二次时之所以消失了，巴拉德认为是神经系统一种惰性的表现。学习的效果须经过若干时间后才能显现，这有点像德国谚语所说的，"我们在夏天学习溜冰，在冬天学习游泳。"意思是指，在夏天练习游泳，过冬后才见进步；在冬天练习溜冰，过夏后乃见进步。所以，第一次练习未竟全功时即开始第二次练习，是徒劳无益的事。但桑代克对此说却加以否认而另有所解释：第一，练习时进步可能被疲劳遮蔽，休息后疲劳消除，进步乃显；第二，休息后兴趣增加，也能引起进步；第三，练习时有些错误不易除去，休息后这类阻碍消失，因此大见进步。桑代克这种解释如果可靠，则神经惰性说似可放弃不要，而我们也大可以借来对分散学习作有力的说明了。不过，在这里仍须考虑的就是集中的学习不一定都发生疲劳，不一定都导致兴趣丧失，而且阻碍也不只限于错误。所以，问题的解决并非如此简单。

三、尝试背诵与纯粹习读

在一定的时间内去学习一种材料，我们固可以一气呵成持续习读，中间丝毫不加回忆，也可以在习读过两三次后则试行背诵，若遇困难，才打开书本来看。然则这两种方法中，哪一种较优呢？为了解决这个问题，盖兹（Gates）曾用两种材料做过一个实验，这两种材料一为十六个无意义的音节，一为五篇有意义的传记，约一百七十个字。他所用的方法共有五种，每次学习的时间皆为九分钟，每次学习完毕皆施以两次测验，一次在学习后立即施行，一次则在四小时后，其所得结果见表10.3（结果表示为正确回忆的百分数）。

表 10.3　纯粹习读法与尝试背诵法的学习结果比较

研究材料	无意义音节		传记	
学习方法	即时（％）	四小时后（％）	即时（％）	四小时后（％）
全部用于习读	35	15	35	16
1/5 试行背诵	50	26	37	19
2/5 试行背诵	54	28	41	25
3/5 试行背诵	57	37	42	26
4/5 试行背诵	74	48	42	26

从上表看，无论是无意义音节还是有意义文字，即时回忆和四小时后回忆的结果，都表示着尝试背诵法优于纯粹习读法（在无意义材料上更明显），而且尝试背诵的时间越多，所得成

绩越好。不过，这里仍有相当限制，因为对于一篇文章，如果毫不加以习读，背诵固无从尝试，而如上表所示，在学习传记时，以五分之四的时间用于背诵的，其成绩并不比用五分之三时间的好。所以，在各种学习中究竟应用多少时间习读，应用多少时间背诵，是值得我们考虑的。大概学习者水平的高低，全部学习时间的多少，和这个问题的解决有关。以上所述的研究，虽是限于文字方面的，但其他的许多学习大体上也可以用此方法。例如学习认路，一个人走一条陌生的路去找寻目的地时，与其始终跟随着别人走，远不如一开始就自己尝试，一面走一面默认。学习游泳亦然，一切气囊、浮木等依靠物都不宜多用，开始即自行尝试，发生疑难才求人指导，似是较好的办法。

尝试背诵法之所以胜于纯粹习读法，这是因为，纯粹习读只是一种诵读练习，要靠眼睛看见字（刺激），才想到意义和发出声音（反应），一次一次连续读下去未免成为机械式的活动，不但没有兴趣，而且也无从努力。习读完毕后没有字在眼前可以看到，背诵就马上发生困难了。倘若及早练习背诵，非到不得已时不看书，学习时则不得不注意全篇大意、中心思想、难易部分、前后联络关键等等，因此便能使人摸到线索，产生一种浓厚的兴趣。又尝试背诵时，每次可以知道自己的进退成败情形，强弱点的所在，这就容易使人引起注意而加强努力，把这两种方法稍微比较一下，其优劣便判然分明了。

四、温习

当我们已经把一篇诗文或一种技能学习好了之后，必须设法保持永久不忘；否则随学随忘，便等于不学了。然则如何才能把这些已学得的材料保持不忘呢？在许多方法之中，温习便是一种。一般来说，大抵多温习一次，保持曲线便也多上进一层；相反地，经过温习后曲线的下降，是一次比一次慢的。不过，温习虽为一种不可少的方法，但也须在时间上有合理的安排，才能收到较大效果。所以存在温习的时间分配问题。现在把它分为以下两点加以说明。

首先，我们须注意的是温习的开始问题。根据上章所述关于遗忘研究的结果，遗忘速率在开始时是最快的，例如儿童记诵一篇文章后，每隔一天使他回忆一次，看他能记得多少。结果遗忘最多必在学习停止后第一天，第二天较少，第三天更少，以后一直少到完全没有遗忘。遗忘既然是开始时最快，所以如要免除或减少遗忘，则在学习后第二天便须开始温习，对于年幼者尤须如此。

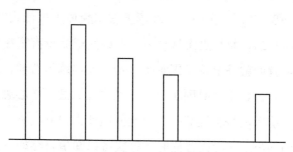

图 10.1　温习分量随温习间隔时间的延长而减少

其次是温习时间的问题。根据上面所说，遗忘是先快后慢的，则开始时自应先作一次较多的温习，以抵抗迅速的遗忘，以后才依照时间，以星期或月份为单位，分配为若干次，每次时间可逐渐减少，越到后面越少。但各次所间隔的时间却可逐渐增长，越到后面越长，如由二十四小时而一星期、三星期、八星期……盖兹用图来表示此种情形（图 10.1），图中竖直线表示温习的分量，横线表示相隔的时间。温习时间的分配，从此图一看，便了若指掌了。这个问题的解决，不但对教师在教学上有所助益，对编定教科书如何注意生字的分配重现也有所帮助。

五、学习的速度及匆学

关于学习方法上的问题，值得注意的还有两个：一为学习速度，二为匆学。

先说速度问题。从前，甚至现在，都流行着一种通俗观念，认为"速学等于速忘"，即学习的速度越快，获得行为越少，保持程度越小。但根据实验的结果，这种猜想并没有完全的根据。因为在学习无意义的材料时，虽可发现学习最迅速的人遗忘亦最迅速，但在其它一切材料上，学习最快的人遗忘却最少。比如以学习有逻辑的（Logical）诗文而言，学习最快的人，比学习缓慢的人多用全体法，因而保持最好。

这大概是因为学习的快慢与智力的高低有重大的关系吧。在第五章中，我们讨论智力对学习的影响时，曾经说明过智力高的人学习迅速，智力低的人学习迟缓，同时智力高的人往往能采取一种综合地把握对象意义的方法。这恰好能用来解释学习速度问题。但学习的速度未尝不可以因练习频率的增加而提升。所以，高明的教师又应留意于此，对学生加以适宜的训练。

其次说到匆学（Cramming）。所谓匆学，是指在一个比较短促的期间内控制和掌握大量的材料而言。这里所谓短促期间，是指数星期或数月，而不是指学生为了应付考试在三五日内那种"临时抱佛脚"的突击搞法。这里指的是下述情况：在三四个月内准备几种科目去投考一间学校或参加某项高等考试；学生在一两个月的暑期内留校进修功课；教师在暑期内预备一门下学期新教的科目等。

这里的一个实际问题就是，匆学在知识技能的获得及保持上究竟有多少价值？根据已往研究的报告，我们想在短期内学成一种或几种知识技能，这种匆学是可以有效的，但在保持上则没有多大的价值。这当然也是有原因的，因为学习是成熟的产物，是意义和统觉量的扩大的产物，是同化的产物（Learning is product of maturation，of enlargement of meaning and apperceptive mass，of assimilation.），所以时间是绝对需要的。通常一个人之所以必须到了相当年龄的时候学问才能有大成，也正是这个缘故。凡缺乏长期修养、平时不注重深入地研究，而欲以匆促时间所学得的皮毛夸耀于人的，都是假的成功。做教师者不可不以此为学生的鉴戒。

六、一天中的学习时间

一天之中，什么时间学习效率最大呢？又劳心工作与劳力工作在这种效率上有无区别呢？便是这里要讨论的问题。

关于这一点，盖兹曾研究过小学五六年级学生的作业，他的方法是把各时间段内的作业成绩与在上午九时至十时内的成绩比较，而九时至十时内成绩以一百为单位。据其结果，劳心工作如算术、视听的记忆、认字、填字等，以九时至十时效率最低，平均为 100；十时至十一时次之，平均为 103.8；十一时至十二时最高，平均为 106.7。但到午后，一时至二时效率便大量降低，平均为 101.3；二时至三时才复升高，平均为 104.1。至于劳力工作如铲划、提举等，结果亦大致相同，只有运动技能如划消（Cancellation）和循划（Tracing）二者，则午后优于午前。具体言之，十一时至十二时平均为 106.7；一时至二时为 109.5；二时至三时则为 111.2。盖兹又对大学生进行测验，得到同样的平均结果，可知这种效率与年龄没有多大关系。

由于这个结果而引起的实际问题，便是学校内学习时间表的编排。我们平常总以为学习最好的时间是在上午八时至十时之间，下午的时间学习必然极差，所以繁难的功课如算术、国语等，常排在上午那些时间内，而容易的工作则往往放在下午。现在经过实验的结果证明，这种假想完全不正确。照现在这种结果来看，早晨开始时的效率最低，以后才逐渐升高，一直到近午达到最高点；午后起初又降到最低，以后才复渐高。所以各种功课的编列，最难的应放在上午十时至十二时之间，最易的却应排在下午第一课，如习字、图画及其它用力轻便的工作，也以此时为宜。在一天之中，其它任何时间开始学习都比早晨开始好，虽然相差不大。这一点值得我们牢牢记住。

七、空气与光线

为了节省篇幅，在环境的条件方面，现在只略述空气与光线。

空气中氧的重要和二氧化碳的危害，是人所共知的。所以若氧气减少到百分之十五以下或二氧化碳增加到百分之二以上，则必定对呼吸、心跳产生深刻的影响，从而降低人的工作效率。此外更为重要的是温度、湿度及通风。如果温度、湿度太高或空气闭塞，则容易发生不舒适的现象。所以，为了提高学习的效率，我们不但要注意空气的成分，更要留心温度、湿度以及是否通风等因素。

最适宜的学习环境，是温度在华氏六十八度、相对的湿度在百分之五十、每人每分钟能得到四十五立方尺新鲜空气时。当然，这也不是绝对的规定。桑代克的实验发现，如果鼓励学生努力工作，即使在一个空气极其不良的环境中，如温度在华氏八十六度、湿度百分之八十、空气完全不流通时，其学习的进程也不会受阻。由此可知，一个人如有一种坚强的学习意志，则可以战胜不良的自然环境。虽然这不是理想的情形，我们仍以求合理为宜。

其次，关于光线方面。光线不适宜，就会产生视觉的纷扰而降低工作的效率，所以它在学习上也是一重要的条件。就对视觉的影响而言，日光比灯光较好，因为它比较均匀。要光线分配得均匀，无闪光或反光之弊，应设法使它自上方、后方或两旁而来，并须防避墙壁、挂物等的反光。又学习时光线的强度也要适中，如光力太强时，宜用间接的方式取得温和光线。此外颜色亦可以减低光线的强度。要提高学习效率，这些问题都是值得认真考虑的。

第十一章　学习的迁移

　　所谓学习迁移（Transfer），是指一种学习对另一种学习的影响。即，学习过某一种材料之后所得到的收获，可以帮助另一种材料的学习，使后者容易进行。例如，学过算术加法然后学乘法，则学乘法的时候可感到较为容易。又如，先学过英文的人，学起法文来，也会得到相当的助益。这都是学习迁移的表现。

　　学习迁移这一观念，在历史上流行甚久。由于相信这种迁移是有可能的，所以，在教育上过去曾经有所谓形式训练（Formal discipline）的主张，即学习了某一定科目之后，除获得该科目的本身内容之外，还因训练的影响增进了某种能力，此后这种能力可以被广泛地应用到其它各科的学习上。这种主张所根据的心理学的基础为心智能力说（Theory of mental faculties），其内容如下。

　　所谓心智能力是指一般的能力（General faculties）而言，依照能力心理学（Faculty psychology）的主张，心（Mind）是由若干能力如注意能力、观察能力、记忆能力、推理能力、识别能力、判断能力、想象能力、欣赏能力以及意志、气质、性格等所组成的。但这些能力原是各自独立活动而不相统一的，所以一个人的注意力好，记忆力未必好；记忆力不好，推理力未必不好。他可以有优良的记忆力，平庸的推理力，低等的判断力，坚强的意志和温和的性格。不过各种能力虽然参差不齐，但在应付一切环境的时候却是一致的。例如记忆力好，则无论记忆什么东西都好，推理力不好，则无论推论什么都不好，所以一个人如果对于一种学科的记忆良好，则对于其他一切事物都同样容易记忆，否则对任何事物都感到同样的困难。又，这些能力在人身上当然极为需要，所以，教育的任务在于分别训练一个人的这些能力，而且训练这些能力比教以直接有实用价值的特殊科目更为重要。这就是形式训练说的支持者重形式而不重内容的理由。训练这些能力必须采用种种适宜的教材和方法，如训练观察、比较、概括等能力，可用拉丁文；而训练注意力、推理能力，则须用数学；若训练优美的性格、坚强的意志，则用体育为最好。某种能力一经相当训练后，则无论应用到什么情境中都普遍地有效。如在拉丁文的学习上把观察、比较、概括等能力训练好了，则以后应用起来，不但对学习历史、地理等科目会产生良好的效果，就是处理一切生活问题甚至国家大事，都会感到得心应手，无往而不利。

这种论调，在启蒙时代以前的欧洲极为流行。当时一般学校的课程中，拉丁文被认为是最有价值而最有地位的学科，学生学习拉丁文也最卖劲。在我们中国，虽然尚未有人这样公然地主张或提倡过这类见解，但教育界也在无形中受到了一些影响。例如，曾有一个时期，人们认为国文是中小学最主要的科目，因而对学生加以特别训练。在他们的心目中，无非是认为国文最有训练价值，把它训练好了，便可以随处应用而获得成功。

与心智能力说相对的，有所谓心智反应说（Theory of mental reaction）。它虽然也主张人类是有记忆、推理、判断、意志等能力的，但这些能力并非如能力心理学者所说的那样各自分离而孤立，而是对生活情境的整个适应过程的各个方面。这些方面虽可以分化地表现出来，但不能实际地分开成各不相关的部分。此说在某种程度上似可与现代心理学中主张一切活动皆为有机的，而有机体的反应是整个的如格式塔学说互相比美。整个过程的各个方面既然不能彼此分离，那么，我们当然不能对它们加以个别地观察。应用到教育上，自然也就不能孤立地训练它们了。在这种意义下，所谓学习，也就是对某种特殊情境发生的反应过程。在某一种情境中所得到的训练，除了能增长对这特殊情境的适应能力之外，也只能增进对与这种情境有共通点的其他情境的适应能力，而不能增进一般的能力——一般的记忆力、推理力、判断力、意志力等——以适应一切的情境。例如练习用笔，在钢笔应用上所得到的经验，除对于用钢笔本身外，对于用铅笔或毛笔等有共通点的学习虽有相当助益，但不能说对于其他一切情境如用枪、用棍子也有同样的影响。所以，在一些知识技能和态度上，只能按其共通点的多少而发生程度不同的迁移而已。

以上二说对于学习有迁移的可能，皆有一致的主张，只是前者认为这种迁移是一般的、无限制的，而后者则认为是特殊的、有限制的罢了。然则此二说何者较为正确呢？我们应该持一种什么态度呢？要使这些问题得到合理的解决，就不能不以实验的事实为根据了。

首先用实验的方法来研究学习迁移的是詹姆斯（James），他在 1890 年就开始研究记忆问题。他所用的材料是诗，即先读记一百五十八行的诗，将所需的时间记下；然后每天又用二十分钟学习另一种诗，等到训练三十八天后，再在第一种诗中另行读记一百五十八行，比较前后两次的成绩。他第一次的时间是 131.8 分钟，而第二次却为 151.5 分钟，反而退步了。据他解释，第二次时间之所以较第一次多，是因为第二次测验时过于疲劳。其后有四个他的学生，也做过相似的实验，结果虽有三人在第二次测验时略见进步，但其中一人也同样反为退步。他们这些实验，可以说没有结论。为什么呢？因为他们所用的方法太欠精密，至少有两个缺点：第一，受试的人数太少，结果虽有进退，但难保不是出于偶然，不能确实证明迁移之有无，或迁移究竟有多少。第二，实验时缺乏控制条件。第二次测验中的结果虽有三人显示了进步，但这种进步到底是由于第一次测验时的练习迁移而来的，还是由于学习另一种材料时迁移而来的，无法证明。

把詹姆斯等人的缺点进行修正，并对实验条件能加以严密控制的是史雷特（Sleight）。史雷特首先把许多被试（女生）分为四组，其中第一组为控制组，除最初和最后与其他三组接受同样的两次测验外，不受任何特殊的训练；而其他三组为实验组，各予以不同的训练材料，即第二组记诗歌，第三组记人口表和出入口货物表、各国货币表等，第四组记各种科学的、历史的、散文的内容。各组每天皆学习半小时，连续十二天。学习开始之前和全部学习结束之后，所有四组被试接受同样的六种测验，其内容和方法如下。

（一）主试口述人名和日期。

（二）主试口述无意义的音节。

（三）被试跟着主试诵读诗歌。

（四）被试跟着主试诵读散文字句。

（五）主试口述散文的内容。

（六）只读过一遍的九个字母。

史雷特把被试分为两类，即实验组和控制组，完全是为了便于比较。既然控制组在前后两次测验之间未接受过任何学习，那么实验组第二次测验若有进步且比控制组的大，则这些进步便可视为学习迁移的效果了。实验组中之所以再分组，使每组所受训练的材料不同，又是为了比较各种不同学习的迁移。现在我们试看表 11.1，便可见史雷特实验方法的严密性。下表所示的分数，实验组的进步比控制组的大：

表 11.1　三个实验组在六种测验上的记忆迁移结果

测验	学诗歌组 （单位：分）	学表组 （单位：分）	学散文内容组 （单位：分）
人名日期	32	59	－6
无意义音节	33	9	－62

续表

测验	学诗歌组 （单位：分）	学表组 （单位：分）	学散文内容组 （单位：分）
诗歌	33	−27	−7
散文字句	9	−36	−17
散文内容	−7	49	52
字母	−24	−3	27
平均	13	85	−2

由上面的分数来看，我们得到一个结论如下：大概各组对于自己所受训练的材料，进步最多，如记忆人名、日期的，测验结果亦以此种记忆最好，记忆散文的亦然。对于其他学习材料，则影响有正的和负的，效果并不一致。如记忆诗歌的，对表、无意义音节及散文字句的记忆虽颇有进步，但对散文内容、字母组合等的记忆则反为退步。又记忆表的，对散文内容、无意义音节之记忆虽颇好，但对诗歌、散文字句及字母组合等的记忆反而差些。自史雷特以后，其他心理学者还有多种关于记忆迁移的实验，他们所得的结果，虽有时表示没有迁移，甚或有害无益，但多数仍有正的效果，只是效果不大，约在练习材料所得进步的百分之五至十五之间而已。

其次，关于观察的迁移，我们可根据黑温斯（Hewins）的关于科学训练的实验结果来说明。她所用的方法和程序，与上述史雷特的几乎完全相同。即先把学植物的男女学生三班各分为两组，其中一组为练习组，每天练习观察植物十分钟，连续十天；另外一组则为非练习组，不让他们有任何观察植物的机会。在练习开始之前，两组亦皆接受第一次测验，十天以后接受第二次测验。测验有些是关于生物的，有些是非生物的。表11.2便是第二次测验的结果。

表 11.2　黑温斯的观察迁移实验结果

测验		生物测验	非生物测验
练习组	男生	8.06	8.97
	女生	6.41	6.20
	平均	7.23	7.58
非练习组	男生	3.03	5.37
	女生	1.24	5.60
	平均	0.89	5.48
两组的差别		6.34	2.10
比第一次成绩的进步		33.9%	5.4%

根据上表，第二次测验的成绩是比第一次为优的，这就表示了迁移的可能性。但两组比较起来，受过训练的一组，成绩较好，这又表示了受过训练之后，迁移较大。这种训练也可迁移到非生物的观察上，只是其数量极微小而已。

自詹姆斯的记忆实验后，十数年来，关于学习迁移的研究不可胜数。通通举例，一方面不胜其烦，另一方面也没有必要。不过，从各种实验之中归纳起来，可以得到一个普遍的结论：学习确有迁移的可能，但迁移的分量则可因种种条件而不同。如果两种学习材料密切相关，其迁移一定比那种没有密切关联的学习材料的大。又，第一种学习是否熟练、方法是否优良，对第二种学习也会产生不同的影响；同时，学习者智力的高低，也和迁移分量有很大关系。其次，所迁移者并不是像形式训练说所说的一般心智能力，而是反应的方法、反应的技术、反应的动作、反应的态度，或所学习的事实。因为各种能力在所练习的材料上虽有显然的进步，但在他种材料上则只有微小的进步或反为退步。如学习一种学科，只能使用和它有相近的方法、动作的材料，进步较大，而对于某种能力之一般化是没有影响的。至于形式训练说所假定的某种学科能对某种能力的训练特别有效这一点，我们更可根据桑代克关于推理能力迁移的实验结果，对其加以批判。

桑代克曾使第十、十一、十二班等高中学生一万三千五百人接受各种不同学科的训练一年，考察他们推理能力的变化。结果发现，训练价值最高的学科（代数、几何、三角等）在测验成绩上只增加三分，其它学科则自三分以下渐次减少，至训练价值最低者（戏剧）亦不过减少半分而已。这种增减的详细情形我们可看表 11.3 而得知：烹饪、缝纫、体育或算术等学科在一年的训练之后，推理能力的迁移与代数、政治、理化等学科所有的迁移，只有微小的差异。可见，在学习迁移上，的确没有一种学科或材料具有特别适宜的成分，对于某种能力可发生特别适宜的影响。

表 11.3　不同学习科目对推理能力迁移的影响

学习科目	发生影响
代数、几何、三角等	＋3.0
政治、经济、心理、社会	＋2.9

学习科目	发生影响
化学、物理、普通自然科学	＋2.7
算术和簿记	＋2.6
体育	＋0.8
拉丁文、法文	＋0.8
商业、绘画、英文、历史、音乐、商店、西班牙文	0.0
烹饪、缝纫、速记	－0.1
生物学、植物学、动物学、生理学等	－0.2
戏剧艺术	－0.5

　　照上面所说，学习的迁移既极有限制，而且各种学科的训练价值相差又很小，那么，从教育的应用方面来说，课程和活动应以实际生活的需要为出发点，以便使学生获得直接学习的效果。对于从迁移而来的间接效果，切不可存过高的希望。例如，与其希望学生在英文学习的迁移中增加对法文学习的效率，或在几何学习的迁移中发展对于实际生活的推理能力，就不如直接学习法文或直接在实际生活中进行推理了。近代流行的设计教学法，也可以说是部分地受了这种影响而产生的。因为在学校中所学习的各种东西，往往与社会上的实际生活大不相同而又不容易发生迁移作用。所以，设法使一种学习情境近似于实际应用的情境，以增加迁移的效果，实为必不可少的了。当然，如果能够彻底地把校内一切活动与校外实际生活打成一片，那就更为可贵了。前面讲过，学习的迁移虽因种种条件不同而极有限制，但迁移的可能性却确实存在。那么，迁移之所以存在可能的原因是什么呢？

首先对此提出解释的，是桑代克的共同分子说（Theory of identical elements）。他认为，两种活动的成分若有相同的分子，则此一种活动之变化，可使彼一种活动也发生变化。这种所谓共同分子，至少包括以下三种：（1）共同的内容，如乘法中的加法，是加、乘两法的共同内容；钢琴与提琴中的乐谱读法，是这两种琴演奏的共同内容；（2）共同的方法，如学习两种材料，皆可用尝试背诵法或全体学习法，这些方法即为两种材料的共同分子；（3）共同的态度，如观察两种现象皆可用客观的态度，则这种客观态度又是观察两种现象的共同分子。如果从生理上寻找基础，则这些共同分子又是指相同的脑细胞活动。

桑代克之所谓变化又有两种。

一为相似的变化（Similar change），分为正的与负的两种。（1）正的相似变化，是说一种联结（Bond）之增强，可使另一种联结也随之增强。即两种活动中若一部分情境相似，而这相似的部分又有相似的反应与之相联，则这一种联结之增强，可使另一种联结发生相同的变化。在内容上，如加法和乘法中有某部分绝对相似，所以加法有进步，便可使乘法亦有进步。英、法文之相随进步，其理亦同。在方法上，如学习某种材料用尝试背诵法或全体学习法获得进步，也就可应用同样的方法学习另一种相似材料而获得进步。在态度上，如果客观的态度有利于观察某种现象，用之于观察其他相似现象也是有利的。（2）负的相似变化，则与上面情形相反，即这一种联结之减弱，可使另一种联结亦随之减弱。

一为相反的变化（Opposite change），亦分正的和负的两种：（1）正的相反变化是说，一种活动之加强，可使另一种活动减弱，即两种活动中若有一部分情境与反应的联结（A→B）增强，则其相反的联结（与"A→B"相反的）必因之而减弱。就内容而言，如果同时学习两种外国语，其读法或文法很容易彼此干扰而使两种学习互相阻碍。在方法上，如习惯于普通阅读，只注意整个形式的大意，而不注意各个字的人，所以校对时（方法正相反）往往发生遗漏的错误。（2）负的相反变化，与正的亦相反，即一种活动之减弱，可使另一种活动增强。总之相反的变化之所以发生，是因为两种共同的内容、方法或态度有相冲突的缘故。所以当我们接受了一种材料的训练而换另一种材料后，有时更容易获得显著的进步，有时反而更困难，甚至停步倒退，这取决于两种材料中的共同分子是相一致还是相冲突。学习中有所谓干涉现象（Interference），就是因后者而起。

显然，桑代克这种共同分子说与他的学习学说完全一致。因为他是一个机械的联结论者，认为学习是联结刺激与反应；从生理基础而言，则是在神经系统中建立新的联结。所以建立于这基础之上的迁移学说，亦必以相似的反应只产生自相似的刺激这种假设为其特色及限制了。因此，他之所谓迁移，只是在一个新的情境中把以前学习过的行为再做（Repeat）一次而已。

根据桑代克这个学说，两种活动中若含有共同分子，则无论这些分子的共同性能否为学习者所察觉，亦必有迁移作用发生。换言之，有共同分子时，必有迁移作用。显然，这种主张忽视了学习者本身的重要性。而且，用相同的脑细胞活动来解释共同分子，也与实验的情况不符。根据拉什利①（Lashley）最近的研究，白鼠用右眼所受训练的结果，能为左眼所同享；猴子因右手接受训练而养成的习惯，亦可完全迁移至左手。左眼右眼，左手右手，本没有相同的神经触处，所以这些迁移决非共同分子说所能解释得了的。

　　共同分子说因为陷入机械论的错误，不能完满地解释迁移的原因，所以格式塔学派便积极地提出功用类似说（The theory of functional similarity）以代之。据这派的主张，迁移作用是由于整个功用之相似，即对整个情境的关系能发生顿悟作用所致，而非共同的分子所致。其所根据的实验如下：苛勒（Kohler）实验母鸡啄食，在一个平面板上放两张色纸，纸上面都放有食物。一张色纸是浅灰色的，一张颜色较深，以浅灰色为正的，深灰色为负的。训练的目的是让母鸡能啄取浅色纸上的食物（训练期间会互相交换两纸的位置）。当这种习惯养成之后，又拿一张更浅的灰色纸来代替深灰色的，此时正的灰色纸仍保留，但母鸡却不向此正的即以前较浅的灰色纸啄食而改向更浅的即现在较浅的纸上啄食（85 次中有 59 次）。由此看来，桑代克的共同分子说如果可靠，母鸡既已训练成功选食浅灰色纸上的食物，这时也应该选食同一纸上的，因为没有其它东西比同一张纸更相似了。事实上，母鸡并没有这样做。由此可知，母鸡所看见、所反应的并不是这一张、那一张的孤立的灰色纸，而是

---

　　① 原文为"拉喜勒"，今译"拉什利"。——特编注

由这两张纸所构成的、含有一种明暗关系的情境，即整个的情境或格式，而非孤立的刺激。母鸡所学的既然是对这种全体关系的反应，则其所迁移的也应当是对这种全体关系的反应，即对整个情境的反应，而非对孤立刺激的反应。据此，我们可以得到一个推论：学习之所以能够出现迁移，是因为学习者本身有顿悟作用，发现了全体情境中的关系。所以，顿悟是获得迁移的真正方法了。

苛勒关于猩猩取物的实验，也能说明这个问题。他放一只黑猩猩于笼内，另放食物于笼外猩猩伸手不及的地方，训练的目的是让猩猩学会以手杖为工具攫取食物。当这种训练成功以后，其它东西如一条铁丝、一个帽边或一束稻草也都能被猩猩利用。总之在需要手杖的情境中，若找不到手杖则只要是长而可移动的物体都可以当作攫取食物用的手杖。这种迁移当然又非共同分子说所能解释的。因为黑猩猩决不是光凭纯粹视觉的作用，以为一条铁丝或一束稻草就是原先利用过的手杖。换言之，黑猩猩必能辨别出这些东西和手杖的异同，不致于误为大相类似。所以这种行为的产生，是因为猩猩已能看出手杖在某种情境中已获得一种固定的使用价值，故凡有此功用的物体皆可因情境需要而化为和手杖相同之物，虽然它们在形式上与手杖大不相同。由此说来，学习的迁移总离不了格式原则的支配，一根手杖、一条铁丝、一束稻草都是这同格式的分子了。至于猩猩是否能够发现其中的关系，则取决于猩猩顿悟程度的高低。

格式塔学派如此注重类似的功用，而桑代克的共同分子说对许多事实又无法解释清楚，所以，上面所举的三种共同分子，都不如改作类似功用为妥。既然学习者对于情境的顿悟在迁移上有特殊的重要性，那么学校中的科目应该适应于学生的智力程度，自是不待言的了。至于机械的学习，无庸赘言，那是没有多大价值的。只有学生对科目产生兴趣，才是最重要的条件。

解释学习迁移的原因，值得我们注意的，还有所谓经验类化说（The theory of generalization of experience）。此说为贾德（Judd）所主张。贾德认为，学习材料之供给，如能使学生获得普遍应用的，则有迁移的可能。他所根据的实验，为在水中的射靶。他把五、六年级学生分为两组，一组在练习射靶之前学习折光原理，另一组则不学。最初让两组学生射击距离水面十二寸的靶，结果两组成绩约略相等；但后来把情境一变，射击距离水面只四寸的靶时，则差异立见。明了折光原理的一组，完全能利用水深十二寸时所得的经验，普遍地适应新的情境，进步极快；而不明了者则错误仍多。

上述实验的结果表明，经验的类化，是迁移作用的必要因素；但是，在个人的心理或任何学科中，虽可如贾德所想，假定经验都有类化的可能，但其他方面又决不能假定任何一种经验都能迁移于其它任何范围之中。所以，经验虽则可以普遍地类化，但也可以局部地特殊化，而经验迁移的可能性，则仍要视其能否类化而定。同时，这个事实并不能推翻格式塔学派的功用类似说，因为原理只是把两种不相类似的功用变为类似罢了。

关于这一点，原理正如学习者的智力和理想一样，在学习迁移上原居于同等地位。前面曾经提到，智力和迁移的分量有很大关系。例如做算术，一个智力高的学生，看过了课本中的例题后，就能做其它类似的题目，而智力低者则不能。据罗迪格（Ruediger）报告，训练学生写清洁的卷子，首先必须使清洁成为学生的一种理想，然后在某一学科的训练中取得成功，才能迁移到其它各种学科上。如果只把卷面清洁作为某一学科的特殊需要，必不能使其它学科也能得到同样的效果。这就说明，两种经验的类似程度，是以智力高低、理想有无为转移的。而这里所说的原理之有无，也有着同样的重要性。贾德的经验类化说能使我们发现这一点，不失为一有价值的贡献。

原理既然有这样大的重要性，所以，在此意义下，教育的主要任务就是：训练思考技术，训练科学方法，帮助学生从各种特殊的、偶然的经验中概括出普遍的基本原理来，以便类化。为了达到这个目的，教授方法和学习方法成了最重要的因子，而科目反居于次要地位了。这是因为，同一教材，施于同一教室的学生中，因教学方法不同，效果显然各异，即有些能发生迁移作用，有些则不能。如果确认经验类化说有相当的理论上、事实上的根据，那么，无论何种科目，都可作为训练的园地，社会科学与自然科学莫不如此。而形式训练说主张专重于拉丁文、几何学等两三门学科，当然就失去了它的存在地位了。

第十二章　学习结果的测量

　　人们经过一段学习之后，多少总会有些变化或收获。这种变化或收获，就是学习的结果。在教育上通常叫做成绩，而测量这些成绩，又叫做教育测量。教育测量因其性质之重要、内容之复杂及其方法之精微，早已成为一支独立研究的学科。这里简述一二，作为本书的结尾。

　　测量学习的结果在教育上之所以成为一重要问题，自有其原因。本书第二章里讲过，教育工作原是帮助人们学习，以造成种种行为的变更。教育心理学的中心问题，是研究学习的过程，以便了解如何造成这些变更的。在学习的过程中，因为个人的主观条件不同，客观条件也不完全一样，结果一定会出现很大的差异。换言之，学习之后，结果必有些变更是已经完全造成了的，有些变更则只是部分地造成了而已。对于这些不同的结果要有充分的了解，就不能不加以详尽的考查。

　　学习结果之考查，不自今日始。可是，过去多使用一种主观的方法，无论命题或评定成绩，都没有一定的科学标准。就前者而言，命题往往囿于教师个人的见解，所以对于同样的材料，不同教师所出的题目大异其趣。就后者而言，不同教师对同一成绩各有不同的评定分数。有的人评得宽一点，有的人严一些。或因各人的注重点不同——例如算术有人重目的（答案对否），有人重手段（演算过程如何）；又如作文，有人重内容，有人重修辞，有人重结构；又如主观回答，有人重机械的记忆，有人重有机的理解——因而所评定的结果极不一致。就算是同一位教师对同一成绩作多次评定，由于时间先后不同（其实是身心状况不同），评定结果也常会产生差异。旧式的考查法，因多偏于作文形式，限于时间和篇幅，往往不能多出题目，结果局限了学生的思路，不能真实地考查学习的全部结果，最多只能考查学习结果的一部分。在这种情形之下，当然就会出现许多机遇，或者偶然性、假象、碰运气，并不能真正反映学生的实际学习成果。

　　既然过去的考查大多带有主观片面成分，没有一定的标准，又不能考查全部的学习，所以结果必不可靠，或者不能反映真正的学习效果。那么，要获得可靠的考查结果，则必有赖于客观的、普遍的考查方法。这种客观的、普遍的考查方法，就是测量方法。上面所谓教育测量，按其内容来说，便是用一种客观的方法普遍地考查学习的结果或学业成绩。

　　提起教育测量，须先说明其可能性。物质方面的测量的可能性，是人所公认的事，例如长度、重量甚至时间的长短等，都可以用客观的方法测量出来。但是，教育工作方面的成绩，例如知识、技能、品格、兴趣、理想、态度等学业成绩及人格培养等等，是不是有测量的可能呢？答案是：完全可能！这是因为，凡是存在的东西，必有其数量。有形的物质固不必论，就是学业也有高低之分，品格亦有优劣之别。正如花草的美恶，诗文的雅俗一样，一切特性都有数量的不同，既有数量，则当然可以测量了。不过，这里牵涉到许多精神世界的问题，情况比较复杂。许多东西，例如品格、态度，现在还难以圆满测量，有待于将来进一步加以完善。但是，有一点必须讲明白，在教育上所直接测量的事物，并不是一些深不可测的、抽象玄妙的东西，而是一个人在一定的条件之下对一系列的测验（Tests）所产生的反应行为。所谓兴趣、态度、学力或算术能力等术语，都是用来叙述行为的抽象名词，并非仅指个人所具有的某种具体东西而言。它们是在动作中、行为上表现出来的，动作行为是它们引发出来的结果，我们测量了动作行为，便可间接地计算兴趣、态度、学力或算术能力等的数量。正如测量温度的高低，只须观察寒暑表上水银柱的升降情形便可得知。因为，后者是由前者引起的。

在教育上最初创用测验方法的，是英国的费希尔[①]（G. Fisher）和美国的赖斯（J. M. Rice）。后来，桑代克进一步深入研究，确定了教育测量的基础。他在 1908 年至 1910 年之间曾与学生共同编成教育量表（Educational scale）第一类，到了今日，研究者固不少，而应用者更多。据孟禄（Monroe）在 1928 年估计，美国的标准测验总数在 1300 种左右，其中约有

---

① 原文"菲沙尔"，今译"费希尔"。——特编注

150 种是智力测验，教育测验中以算术、读法、英文及历史科目最多。美国每年所用的测验份数，据他估算，约在三万以上。其中大概有四分之一属于智力测验，四分之三属于教育测验。民国十一年［1922］中华教育改进社请哥伦比亚大学教授麦柯尔（McCall）来指导过教育测量工作，当时是在南京东南大学从事大规模试验实测的。后来，廖世承、俞子夷、陈鹤琴等编成了十多种标准测验。

要进行客观的测量，须具备两个必不能少的条件：一为应用标准测验（Standardized tests）。凡材料、时间、手续、工具、说明、评定等都有严格的规定：任何人在任何时间、空间内施测，对同一情形的学生，皆可得到同一的结果。二为应用量表（Measuring scale）。所谓量表，乃是测验结果或分数的排列，以显明的（最好相等的）单位表示一种能力的阶级，从某低度（或零度）能力起至某高度（或最高度）能力止，如测量轻重的权衡、测量长短的尺度一样。现在更把这二者的内容简略地说明如下：

标准测验所要测量的对象约可有五种：（1）难度（Difficulty），即求某一问题或某一工作由某人解决起来其难易的程度如何。这种测验所排列的问题是由易而难，逐渐增加的。例如，算术测验就往往是根据这个原则编排的，学生按顺序计算，看其能计算到何种程度。（2）范围（Range），即求某种知识或技能的能力范围，如历史知识、计算或缀字能力。这种测验的全部作业的难易程度，大致相同，根据学生所得正确答案的多少或所做成的作业数目多少，而定其能力的大小。（3）速度（Speed），即求一个学生在一定时间内所做的工作分量，这种工作的品质和难度前后是一致的，如在阅读测验上各种练习的长短与难易皆完全相同，看一个学生在一定时间内能阅读而解释无误的数目有多少。（4）准确度（Accuracy），即求一个学生对于某种知识和工作所掌握、了解的准确程度，以测量所得的错误百分比表示。镜画实验可为此例，其中准确度和速度须同时顾及，快而不准或准而不快，都足以减少效率。（5）品质（quality），即求某种技能科目的品质高下。举行这种测量，须先造一个量表，测量时先使学生受一次标准测验，然后以其所得的成绩与量表比对，其成绩与表中哪一级品质相当，则其所得的分数，即相当于那一级的数字。以上各方面固然可如上所述分别测量，也可用其它方法把这些测验适当地结合起来举行，以求得一个完整的结果，这就是所谓混合测量。

标准量表通行的有下列三种：（1）年龄量表（Age scale），这是把一个学生的分数与各年龄的寻常学生的分数比较时用的。编造这种教育年龄量表，与编造智力年龄量表的原理相同，即根据各种年龄所作测量的平均分数而定。例如八岁儿童所得的学业平均分数为 8 分，九岁儿童为 9 分等依次类推。某儿童的教育年龄如果为十岁，便是说他的学业能力等于十岁的寻常学生的学力了。（2）年级量表（Grade scale），这是把一个学生的分数与各年级的寻常学生的分数比较时用的。编造原理与前者相同，即根据各年级所作测验的平均分数而定，例如四年级所得的平均分数为 4 分，五年级为 5 分等依次类推。如果某儿童的年级分数为 6 分，便是说他的学力等于六年级的寻常学生的能力了。（3）变率量表（Variability scale），这是把一个学生的分数与同年龄或同年级的各个学生的分数比较时用的。同年龄或同年级的学生能力上大有差异，普遍是成一常态的分布曲线的。但一个学生的测验得分可以表示他在这分布或变率的全距中的地位，例如他是一个寻常学生，其分数必居于全体的中间，其变率分数为五十。其他则分布于 0 至 100 之间。这种表可根据同年龄或同年级的许多学生的能力的分布情形而制成。最著名的为麦柯尔的 T 量表（T scale），它是根据十二岁儿童的分布而编成的，T 为某能力的单位，分成一百个，由零至一百，如果某一个学生有 T 分数五十，则表示其能力等于十二岁儿童的平均能力。

现在可进而讨论测验的编制问题，为便利起见，先说明标准测验的基本条件。标准测验的最基本条件至少有两种：一为正确性。各种测验所欲测量的对象不同，如阅读测验所测量的为阅读能力，算术测验所测量的为算术能力，但要能确实地把所欲测量的对象测量出来，又必须注意以下各点：（1）材料要经过严密的选择；（2）题目要有适当的难度；（3）尽量除去与所欲测量能力不相关的题目；（4）如其他情形相等时，测验越长越好。二为可靠性。其他一切情形相等时，用一种测量方法和题目先后两次测量一个学生或一班学生，若两次所得的结果相等，这个测验便是可靠的。不可靠的测验没有用处，正如拿一根尺去量一块布，如果今天量是八尺，明天量是八尺半，试问这根尺还灵吗？

至于要得到一种可靠的测验，则又须注意：（1）方法要客观，凡施行测量的一切要素如时间、说明等，都要有严格的规定，评定成绩也要有精密的方法；（2）材料要有适当的选择，如其他情形相等，测验量越大，可靠性越高，所以题目以多为佳，但也要恰当掌握难度，太难或太易都不合适；（3）被试的反应要能控制，例如使他们对测验能产生兴趣、能努力、能与主试者合作、身心愉快等，都是需要控制的。

标准测验的基本条件既如上述，则编制的要点可分别说明如下了。第一，材料的选择必依照下列标准：（1）实际的，即在实际生活中常有应用机会的知识技能，则选为材料；（2）合于目标的，如果所欲测量的是阅读能力或计算能力，则必须分别选用与这些能力有关的材料；（3）合于程度的，即按照被试的程度高低而定材料之深浅；（4）从统计分析中取材，例如编制默读或缀字等测验，以作文错字的统计分析结果为根据，或以课本、报章内容的统计分析结果为取材的根据，或从常用字汇、商人常用算术的统计分析中取材。第二，问题的编制也有四条重要原则：（1）各种方式如正误式、是否式等要灵活运用；（2）文字要清楚明白；（3）难度要适合被试的程度；（4）问题本身不能对答案有所暗示。

测验编成之后，当然不能立刻正式应用，必须先经过一两次的试用与严密修正后，才算完成。但在举行初次测验时，仍有几点值得注意：（1）被测验的人数越多越好，至少要由五百至二千；（2）每班内学生程度上中下者皆须包含；（3）被试不宜限于一处的。

标准测验虽然有许多优点，但应用起来，却也受到不少限制。例如编制困难，这固非普通的教师所能胜任，而已有的测验又常不合于当时的需要。例如要考查学生对于第一次世界大战的认识，却没有专为此而用的测验。为便于随时测量学生的学习结果，近来有所谓新式考试法的推行。新式考试除了可以避免普通考试的大部分缺点，也和标准测验一样，可求得一种正确的、可靠的客观考查。只是在编制手续上比较简单，各教师可以随时采用。这种考试所用的题式有许多种，一切讨论教育测量的专书都有详细说明，这里举其梗概。

一、问答式，例如：

将答案写在空行上。

1. 五大洲最大的是哪一洲？

2. 下列各省中最有名的物产是什么？

江苏　　　　广西　　　　四川

（注意）问题必须是一种极简单的反应可以回答的。

二、填空式，例如：

将正确的字填入下面的空行上。

1. 广州是在中国的_____

2. 三民主义是：

（注意）把一句中最关键的几个字空出。

三、正误式，例如：

下列句子，如果你认为是对的，在括号内作"＋"号；如你认为是错的，作"－"号。

1. 孙中山是我国民主革命的先行者……　　　　　（　　）

2. 康有为提倡白话文学……　　　　　　　　　　（　　）

（注意）对的句子和错的句子，数目应大致相等，且排列应参差不齐。因每题中猜对的几率为二分之一，故其计分法为：实际答对题数＝答对题数－答错题数。

四、是否式，例如：

对下列的句子判断，如果你认为"是"，就在"是"字下面画一短线；如果你认为"不是"，就在"否"字下面画一短线。

1. 杜威是否来过中国？　　　　是　　否

2. 梧州是否广西的省会？　　　是　　否

五、异同式，例如：

如果你认为以下词语前后相同，则在括号内作"○"号；认为它们不同，则作"×"号。

1. 积极……消极……　　　　　　　　　　（　　）

2. 完全的……整个的……　　　　　　　　（　　）

六、选择式有两种反应、三种反应或四种反应的，例如：

下列每一个问题后面有三个答案，其中只有一个是对的，你认为哪一个对就把它前面的序号写在括号内。

1. 寒暑表的流质是（一）水银　　（二）茶油　　（三）火油……　　　　　　　　　　　　　　　　　　（　　）

2. 鱼呼吸用（一）鼻　　（二）腮　　（三）肺……　（　　）

（注意）同一考试中各题目答案的数目须一致，而且各题对的答案之排列须参差不齐，不过各答案的对的次数也应大致相等。又答案越多，则猜对的机会越少而越可靠。其计分法如下：

$$实际答对题数＝答对题数－\frac{答错题数}{每题答案数－1}$$

七、最好答案式，例如：

下列每一个问题有三个答案，你认为哪一个最好，就在括号内写下那一个的号数。

1. 学生考试不及格是因为（一）学生考前没有准备，（二）先生监考太严，（三）题目太艰深…… （　　）

2. 青年学生做衣服可以用（一）英国布，（二）美国布，（三）中国土布，…… （　　）

八、配合式，例如：

将下列人名和事件配合起来。

1. 孙中山　　1. 云南起义

2. 蔡锷　　　2. 文学革命

3. 胡适　　　3. 辛亥革命

九、比喻式，例如：

将合适的字填入下面的空行。

1. 中国：亚洲；英国：

2. 伦敦之在英国，有如_____之在法国。

十、排列式，例如：

将下列事件依其发生先后的次序排列起来。

（　　）五四运动

（　　）辛亥革命

（　　）九一八事件

（　　）鸦片战争

（　　）孙中山逝世

（　　）五卅惨案

十一、分类式，例如：

下列五个国名或人名中你认为哪一个与其它四个不同，把它的号数写在括号内。

1. 美国　2. 德国　3. 英国　4. 中国　5. 法国……（　　）

1. 孙中山　2. 蒋中正　3. 胡汉民　4. 蔡元培　5. 蔡锷……（　　）

当然，新式考试法并非完全没有缺点，例如命题时，若随意问些零星小节，或专问人名、地名、年代等，则不但有损考试的效果，且容易使学生忽略了系统的知识，背弃了正当的求学方法。这是应用新式考试者所不可不知的。经过严密的考查以后，如果发现学习的结果甚为恶劣，就要应用科学的诊断方法去寻求病源，作为对症治疗的根据。学习的诊断问题，是一刻也不可忽视的。